Felicidad

al alcance de todos

Acerca del libro

Este es sin duda el mejor programa de superación personal. A diferencia de cualquier otro método, *Felicidad al Alcance de Todos* lo llevará gradualmente hacia una transformación real en donde su mente se reprogramará para adquirir nuevos hábitos, logrando una actitud más positiva como clave para el cambio verdadero y permanente.

Gracias a un cuidadoso y efectivo plan de acción, usted podrá llevar a cabo una serie de ejercicios que le demostrarán cómo mantenerse en la dirección correcta. ¡Obtenga mayor confianza en sí mismo, aprenda a visualizar sus metas, logre una actitud de triunfo, desarrolle un plan hacia el éxito!

No lo piense más. Ahora es el momento de iniciar su viaje hacia la felicidad.

Acerca del autor

Pedro M. Carranza nació en Callao, Perú, en 1935, es casado y tiene cinco hijos. Se graduó como oficial de ingeniería en la Escuela Militar de Chorrillos y posteriormente efectuó estudios de post grado en universidades e instituciones en Perú, Francia y en los Estados Unidos (Harvard Business School), especializándose en las áreas de administración gerencial y liderazgo. Ha estado a cargo de empresas de turismo, comercio internacional, industria y entidades financieras.

Pedro es experto en motivación, liderazgo y desarrollo personal, habiendo dictado cursos, seminarios y charlas en universidades, instituciones empresariales y cámaras de comercio, así como en colegios y organismos de ayuda a la comunidad.

Pedro es autor de numerosos artículos de motivación y desarrollo personal que han sido publicados en revistas, boletines y periódicos. Ha efectuado numerosos viajes a través de las Américas, países asiáticos, europeos y africanos, con la finalidad de conocer las formas de pensar y actuar en las diferentes culturas del mundo.

Correspondencia con el autor

Para contactar o escribir al autor, o si desea más información sobre este libro, envíe su correspondencia a Llewellyn Worldwide para ser remitida al autor. La casa editora y el autor agradecen su interés y comentarios en la lectura de este libro y sus beneficios obtenidos. Llewellyn Worldwide no garantiza que todas las cartas enviadas serán contestadas, pero si le aseguramos que serán remitidas al autor.

Favor escribir a:

Pedro Carranza
‰ Llewellyn Worldwide
P.O. Box 64383, Dept. K114-7
St. Paul, MN 55164-0383, U.S.A

Incluya un sobre estampillado con su dirección y $US1.00 para cubrir costos de correo. Fuera de los Estados Unidos incluya el cupón de correo internacional.

Felicidad

al alcance de todos

Pedro Carranza

Llewellyn Español
St. Paul, Minnesota 55164-0383
U.S.A.
2000

PRIMERA EDICIÓN
Primera impresión, 2000

Edición y coordinación general: Edgar Rojas
Diseño de la portada: Lisa Novak
Diseño del interior: Pam Keesey, Edgar Rojas

Librería de Congreso. Información sobre ésta publicación.
Library of Congress Cataloging-in-Publication Data

Carranza, Pedro, 1935-
    Felicidad al alcance de todos / Pedro Carranza.
        p. cm.
    Includes bibliographical references and index.
    ISBN 1-56718-114-7
    1. Happiness. I. Title.

BJ1481 .C35 2000
158.1--dc21   00-055733

La Editorial Llewellyn no participa, endosa o tiene alguna responsabilidad o autoridad concerniente a los negocios y transacciones entre los autores y el público. Las cartas enviadas al autor serán remitidas a su destinario, pero la editorial no dará a conocer su dirección o número de teléfono, a menos que el autor lo especifique.

Llewellyn Español
Una división de Llewellyn Worldwide, Ltd.
P.O. Box 64383, Dept. K114-7
St. Paul, MN 55164-0383, U.S.A.
www.llewellyn.com

Impreso en los Estados Unidos de América

Agradecimientos

Mi profundo y cariñoso agradecimiento a mi esposa Yuyi, compañera y amiga de 40 años, por su amor, su constante apoyo y por haberme alentado, en todo momento, con su fe inquebrantable, alegría, optimismo y entusiasmo contagiante a escribir este libro, así como hacer posible y convertir nuestros sueños en realidad.

Un agradecimiento a mis queridos hijos Pedro, Ana María, María del Carmen, Miguel Angel y José Antonio por sus interesantes opiniones, críticas y aportes, así como por poner en práctica las ideas expuestas en este libro y demostrar fehacientemente su validez. Mi agradecimiento, igualmente, por haberme ayudado en la corrección de cada uno de los capítulos de este libro.

Mi especial agradecimiento a Maribel Beas Barcan, Alberto Guerrero Arias Schereiber, Fernando Ortiz Morales, María del Pilar Paz, Jeanette Pooley de Carranza, Marisol Popolizio, José Iván Reyes, Teresa Ubillús, Mauricio Vegas Mantero y Mily Talavera Woodward por sus aportes de ideas para encontrar el título adecuado a este libro.

Contenido

Introducción

En este libro presento el resultado de muchos años de estudio, análisis, de lectura de libros sobre motivación y desarrollo personal, visitas y entrevistas efectuadas a miles de personas de todos los continentes, asistencia a seminarios y cursos prácticos para el desarrollo de la persona con la finalidad de alcanzar al máximo su potencial.

El propósito de este libro es presentarle, en la forma más clara y práctica posible, todo lo relacionado con las técnicas mentales existentes para convertir en realidad todos sus sueños y lograr el éxito y la felicidad. Usted puede, sí usted puede lograr todas las metas que se proponga y alcanzar la felicidad plena.

Hay muchos libros, cassettes, programas de motivación que enfocan diversos aspectos para el desarrollo personal.

1

En este libro encontrará las ideas principales, las ideas gestoras de los pioneros de la motivación, del desarrollo personal, de la importancia de la actitud mental positiva como Napoleon Hill, Norman Vincent Peale, W. Clement Stone, Dale Carnegie, de estudiosos de la capacidad de la mente y del poder del subconsciente como Abraham H. Maslow, Alexis Carrel, Claude M. Bristol, Maxwell Maltz y de expertos motivadores profesionales como Paul J. Meyer, Og Mandino, Earl Nigthtingale, Anthony Robbins, Brian Tracy, Dennis Waitley y Zig Ziglar.

Como las ideas sobre la grandeza de la persona y de su enorme potencial, capaz de lograr todo lo que se propone, son eternas y siempre han existido desde la creación del ser humano, hay referencias a pasajes del Antiguo y Nuevo Testamento y de pensamientos de fuentes muy diversas como Aristóteles, Marco Aurelio, Cicerón, Séneca, Santo Tomás de Aquino, Albert Schweitzer, Benjamín Franklin , Ralph Waldo Emerson, Madre Teresa y muchas otras más.

Por favor, lea este libro y vuélvalo a leer una y otra vez; lo que le puede impactar en este momento puede ser diferente al impacto de una lectura anterior o de la efectuada en otro momento. Esto sucede por los cambios que experimentamos a lo largo de nuestra vida y a la experiencia que vamos teniendo a través de los tiempos. Subraye las ideas que más le agraden o impacten, haga anotaciones, escriba sus metas, escriba su plan de acción y después compare los resultados con lo que usted había previsto.

La vida es un proceso dinámico y este libro le ayudará a transcurrir la jornada de la vida en forma positiva, optimista, con entusiasmo y alegría dando lo mejor de sí en todo momento para alcanzar el éxito y lograr la felicidad.

Desde muy joven me ha apasionado estudiar y analizar por qué algunas personas al parecer están siempre alegres, optimistas, tienen dinamismo y entusiasmo y obtienen prácticamente todo lo que se proponen en la vida y en cambio, también hay otras personas que al parecer están agobiadas por problemas que se suceden uno tras otro, son pesimistas y están un tanto amargadas de lo que les sucede en la vida. Esta diferencia se presenta, algunas veces, entre miembros de una misma familia que han recibido la misma educación e instrucción y que se han desarrollado en el mismo medio. ¿Por qué esta diferencia?

Otra pregunta que siempre me ha hecho es por qué hay países en los cuales sus ciudadanos están en mejores condiciones que los ciudadanos de otros países. Unos tienen y disfrutan de abundancia y otros están en la pobreza o en la miseria. ¿Por qué esa diferencia? ¿A qué se debe esa diferencia? Y algunas veces esa diferencia es muy grande, quizás demasiado grande.

Al tener contacto con personas de América, Europa, Africa, Asia y Oceanía he llegado a la conclusión que las personas, en sí, son las mismas en todos los países y rincones del mundo, lo que hace la real diferencia es el espíritu, la actitud mental y si tienen un claro propósito de sus vidas en este mundo.

Este libro trata sobre este aspecto de la vida humana y le presenta las herramientas mentales que están a su disposición para que usted logre el éxito y la felicidad en todas y cada una de las diferentes áreas de la vida.

Las ideas de este libro han sido comprobadas a través de los tiempos. Funcionan, son reales, haga la prueba, no tiene nada que perder pero sí mucho por ganar: su felicidad y su éxito.

En este libro usted encontrará o reafirmará ideas sobre la importancia de la actitud mental positiva, la importancia de la fe y de la autoestima. Igualmente encontrará los diferentes tipos de miedo que son verdaderos frenos para nuestro desarrollo y encontrará las fuentes necesarias para afrontarse a los temores y vencerlos.

En este libro se analiza la importancia de tener el valor necesario para querer alcanzar el éxito y la felicidad. Igualmente trata de lo perturbador que es tener dudas e inquietudes que nos hacen vacilar y posponer las acciones que debemos tomar para lograr nuestras metas y alcanzar el éxito y la felicidad.

Se resalta la importancia de nuestro subconsciente y se hace una analogía de nuestra mente a una computadora indicándose las técnicas para programar nuestro "subconsciente computador" para que nos ayude a lograr el éxito y la felicidad.

También se indican aspectos importantes para lograr el éxito y la felicidad como la autosugestión positiva, la importancia de pensar en grande y sin limitaciones, cómo mantener una actitud positiva y optimista, cómo usar las herramientas mentales de la visualización y las afirmaciones para que nos ayuden a representar lo que queremos y a convertir esas ideas en realidad.

Hay dos capítulos importantes que tratan sobre la extraordinaria importancia de establecer con precisión y claridad las metas u objetivos en cada una de las áreas de la vida y la formulación del plan de acción para ejecutar todo aquello que tenemos que hacer para convertir en realidad nuestras ideas. Se indican las pautas para que usted pueda clarificar su pensamiento y establecer metas tangibles y accesibles así como las ideas para que formule su plan de acción desde el momento en que usted tome la decisión hasta la consecución definitiva de sus metas u objetivos.

Usted, amigo lector o amiga lectora, tiene un potencial ilimitado, usted es un ser maravilloso con atributos que hacen de usted a una persona única. Nunca ha habido una persona como usted y jamás habrá otra igual. Cualquiera que sea su edad, condición o situación, usted, hoy, puede cambiar y si sigue las pautas que están descritas en este libro usted puede convertirse en la persona que realmente quiere ser y lograr todo lo que anhela en el fondo de su corazón.

Depende solamente de usted que ese enorme potencial y esa gran energía que están latentes dentro de usted se liberen y que sus ideas se conviertan en realidad. Usted tiene la capacidad de ser feliz y lograr el éxito.

Este libro le ayudará a ser lo que usted quiere ser, a tener lo que quiere tener y a lograr lo que quiere lograr. Atrévase a ser feliz y a alcanzar el éxito.

1

Hacia el éxito

¡Sí puedes! ¡Todo es posible para el que cree!

San Marcos 9:23

Por un momento hagamos solamente un ejercicio, un juego. Supongamos que el timbre de su teléfono empieza a sonar,... usted contesta... y por el auricular escucha a una persona que se presenta como un notario público y le dice:

"Buenos días, tengo muy buenas noticias para usted. Una persona que ha fallecido le ha dejado en herencia una importante cantidad de dinero".

"¿Quién ha fallecido?", pregunta usted, con asombro y curiosidad. El notario le da el nombre de la persona fallecida, la misma que le es totalmente desconocida; jamás ha escuchado ese nombre. Y usted le contesta: "Pero, yo no conozco a esa persona, jamás la he visto, no sé quién es".

"Bueno," dice el notario: "A lo mejor usted no lo recuerda... pero él sí debía conocerlo, ya que le ha dejado una importante cantidad de dinero".

Usted, esperando un momento, y ya con bastante curiosidad pregunta: "¿Cuánto dinero me ha dejado?"

El notario le contesta: "86,400 dólares diarios por el resto de su vida".

"Excelente, maravilloso",... posiblemente piensa usted internamente. "¿Será verdad?", se pregunta usted.

"Pero hay dos condiciones con este obsequio", le dice el notario.

"¿Cuáles son esas condiciones?", pregunta usted con gran ansiedad.

"La primera condición es que usted debe gastar los 86,400 dólares diariamente. Usted no puede dejar de gastar ni un solo dólar. No puede ahorrar ningún dólar. Tiene que gastar los 86,400 dólares todos los días por todos los días de su vida. Si por alguna razón usted no gasta el íntegro de los 86,400 dólares diariamente, nunca más recibirá este obsequio especial. La segunda condición es que usted debe gastar el dinero usted mismo; usted no puede dar el dinero a otra persona para que lo gaste. O sea que debe gastar todos los 86,400 dólares. ¿Está dispuesto a aceptar estas dos condiciones?"

Probablemente usted responderá: "Sí, por supuesto"... Y pensará... "¿Quién me habrá dejado este obsequio tan fabuloso? ¿Será verdad?" nuevamente se pregunta con cierta esperanza que lo que está ocurriendo sea una realidad...

El don de la vida

Bien, déjeme darle una sorpresa, mi querido lector o querida lectora. Tal vez no se ha dado cuenta, pero usted viene recibiendo ese don todos los días desde el momento en que nació.

¡Sí, por supuesto, usted lo recibe! Lo ha venido recibiendo desde que nació y lo seguirá recibiendo durante toda su vida. El día tiene 24 horas, la hora tiene 60 minutos y en cada minuto hay 60 segundos. En cada día hay 86,400 segundos. El don, el obsequio de 86,400 segundos cada día ya lo convierte en una persona afortunada. Usted ha estado recibiendo este don maravilloso desde que vino a este mundo y recibirá este obsequio todos los días de su vida. Este don es sólo para usted y no puede dar lo que recibe a otra persona. Es todo suyo, totalmente suyo. ¡Dios es sumamente justo! Dios otorga a todas las personas los mismos 86,400 segundos cada día.

El tiempo que usted tiene disponible es su vida misma. El tiempo es vida. Si malgasta su tiempo está desperdiciando su vida. Si administra convenientemente su tiempo está administrando su vida. Muchas veces se dice que no se dispone del tiempo suficiente para hacer algo: sin embargo, todas las personas tienen todo el tiempo que es necesario.

De ahí que debemos tener siempre presente que la cualidad más importante de la vida es el valor de la propia vida. ¿Qué podemos hacer con ese maravilloso don que es la vida misma? Depende sólo de nosotros. Podemos hacer uso correcto de este precioso obsequio y crecer tan alto como la más alta de las montañas. O podemos malgastarlo y empequeñecernos hasta el tamaño de un grano de arena. Nosotros somos los que usamos este extraordinario don y por eso somos los artífices de nuestro propio destino.

Muriel James y John James, madre e hijo, ambos psicoterapeutas, autores de *Passion for Life* (*Pasión por la Vida*) expresan de la siguiente manera la urgencia por vivir y el celebrar la vida: "Tal vez, debemos dar gracias por lo que ha sido, lo que es y lo que puede ser".

La vida es un don extraordinario y maravilloso y por lo tanto debemos hacer uso de ese don en la mejor forma posible.

Todas las personas han nacido, nacen y nacerán con la capacidad de distinguir el bien y el mal, así como con la capacidad de lograr algo durante nuestro paso por el mundo.

Como la vida es maravillosa y extraordinaria hay que tener reverencia por ella. Un ejemplo de esto es el caso de Albert Schweitzer, filántropo francés, doctor en medicina, filosofía, teología y música, que decidió vivir en la selva de Africa Ecuatorial Francesa estableciendo un hospital para leprosos. Un día al tratar de definir el significado de ética universal exclamó lo siguiente: "La reverencia por la vida". Lo que significa para Schweitzer y podría significar para nosotros es que la vida es sagrada y merece respeto absoluto.

"La vida", dijo el Dr. Albert Schweitzer, "nos lleva a una relación espiritual con el mundo y se renueva cada vez que nos miramos profundamente y miramos la vida a nuestro alrededor".

Nuestra misión en la vida

Cuando empleamos la palabra misión, quizá lo que primero nos viene a la mente es lo relacionado con las actividades de un ejército, como la misión de conquistar una colina, ocupar un punto importante, etc. O también en años más recientes se emplea la palabra misión en aspectos relacionados con los negocios, así como también se habla de la misión social que deben tener las empresas en el desarrollo socio económico de una sociedad o que la misión es llegar a un acuerdo sobre un tratado de intercambio de libre comercio o sobre lograr la paz en una determinada área o zona estratégica.

Y ¿cuál es nuestra misión en esta vida? También nosotros debemos pensar y determinar cuál es nuestra misión en este mundo. Nuestra misión personal es vivir la vida a plenitud dando de sí lo mejor que podamos. Nuestra principal responsabilidad es dejar este mundo algo mejor de lo que lo encontramos. Así para algunos su misión personal será formar una familia sólida en la que cada uno de sus miembros se pueda desarrollar de acuerdo a sus habilidades y siempre unidos por el amor, el respeto mutuo y la confianza.

Para otros su misión puede ser entregarse completamente para ayudar a los más pobres y necesitados del mundo, independientemente de sus creencias religiosas, incluyendo a los que tienen hambre de amor como fue la misión de la Madre Teresa. Extraordinario ejemplo de fortaleza espiritual y de fe, que pese a su aparente fragilidad física y de haber contraído tuberculosis cuando era muy joven, siempre llevó el mensaje de esperanza a diferentes partes del mundo.

> Hay personas que no tienen a nadie. Ellos pueden no estar muriéndose de hambre, pero están muriéndose de hambre de amor... A menudo en las grandes ciudades, y en grandes países, hay personas que simplemente mueren de soledad por no ser queridos o por estar olvidados. Esta es una pobreza mucho más dura que la pobreza de no tener comida.

Pueden haber infinidad de diferentes misiones personales ya que cada ser humano es único. Lo que es importante es que esa misión sea clara, definida y que sea llevada a cabo con pasión. La vida merece la pena de ser vivida plenamente.

Todas las personas —hombres y mujeres— deben disfrutar al máximo del don maravilloso de la vida. La vida es salud, amor, felicidad, riqueza y éxito. Depende únicamente de cada persona el lograr lo mejor de esta vida. Sí, depende de cada uno de nosotros. Está en nosotros, en nuestro interior, en nuestro espíritu, en nosotros mismos, aquella fuerza extraordinaria que nos puede llevar a la felicidad y al éxito.

La felicidad

Desde hace muchos años existe la idea que las personas tienen en sí la capacidad de encontrar la felicidad. La felicidad, como dijo el célebre filósofo griego Aristóteles hace más de dos mil años, es el supremo bien y que es tan importante que todo el resto es solo un medio para alcanzarla.

En la Declaración de Independencia de los Estados Unidos de América se expresa que la búsqueda de la felicidad es un derecho humano.

Hay una serie de libros de psicología que tratan el tema de la felicidad. En 1930, el filósofo inglés Bertrand Russell escribió su libro *The Conquest of Happiness* (*La Conquista de la Felicidad*), en el que indica que la mayoría de las personas no son felices. Algo similar lo había indicado, en 1776, el crítico y ensayista inglés Samuel Johnson cuando expresó: "Las personas no han nacido para ser felices". Sin embargo, numerosos autores que han escrito sobre la felicidad en libros más recientes indican que hay un porcentaje considerable de personas que sí lo son.

Las personas felices tienen una actitud diferente ante los hechos y circunstancias de la vida. Actúan de manera feliz, sonríen más, se ríen más, disfrutan más, tienen pensamientos positivos y son fundamentalmente optimistas.

El psicólogo social estadounidense David G. Myers, en su interesante libro *The Pursuit of Happiness* (*La Búsqueda de la Felicidad*) inicia una de sus páginas con la pregunta: "¿En qué país los más ricos son los más felices?". Posiblemente hace esta pregunta porque parecería que hay un concepto generalizado, en un cierto número de personas, que los que tienen más dinero pueden alcanzar la felicidad más fácilmente. Myers, después de mencionar una serie de ideas e incluso hacer referencia al sacerdote y teólogo peruano

Gustavo Gutiérrez (autor de *Teología de la Liberación*) que expresa: "Los pobres nunca han perdido su capacidad de pasar un buen tiempo y de celebrar, a pesar de las condiciones duras en las que viven", manifiesta que la "satisfacción no está en obtener lo que se quiere sino en querer lo que se tiene".

La felicidad no se adquiere con la posesión de cosas materiales sino fundamentalmente con la satisfacción interna, con la manera cómo percibimos las cosas y con nuestra actitud mental. Séneca, filósofo hispanolatino hace aproximadamente dos mil años, expresó: "Es la mente y no la cantidad lo que hace rica a una persona". Nosotros tenemos la capacidad de ser felices si nos lo proponemos.

Nosotros obtendremos de la vida exactamente lo que hemos puesto en ella. Cuando hay buenos sentimientos, buenos pensamientos, esfuerzos constructivos y buenos actos, recibiremos, sin duda alguna, algo semejante, porque "el hombre recoge lo que ha sembrado". Lo que hace usted con su vida depende sólo y exclusivamente de lo que usted decida hacer.

Es importante soñar

¿Sabe que la mayoría de las personas son soñadoras? Por lo menos todos, según estudios realizados, en algún momento de sus vidas han tenido sueños de lograr algo, de ser mejores, de tener alguna posesión particular. También esos mismos estudios indican que muchísimas personas dejan de soñar y a partir de ese momento entran a la vida rutinaria de conformismo espiritual sin expectativas de superación o de autorrealización.

De acuerdo a Carlos Mendo, en un artículo publicado en el diario *El País*, de España, en enero de 1997, en la sección "Debates", y bajo el título "El Sueño Americano", expresa que, de acuerdo al sistema instaurado en los Estados Unidos desde 1787, se impulsa que sus ciudadanos logren lo que, durante décadas, se ha denominado el sueño americano.

"Los Estados Unidos", según Carlos Mendo, "es el único país del mundo, en el que sus habitantes aspiran a la realización de un sueño. No existe *el sueño alemán* o *el sueño japonés*; sólo se habla del *"American Dream"*. Martin Luther King, Jr. expresaba con fervor en Washington: "He soñado con la hermandad racial, un sueño profundamente enraizado en el sueño americano".

En el libro titulado *Restoring the Ameircan Dream* (*Restaurando el Sueño Americano*), escrito por Robert Ringer, se indica que el sueño americano se basa en un "optimismo básico, en el que el futuro será mejor que el pasado ... porque en América cualquiera puede triunfar sin que importe su nivel de ingresos o el color de su piel".

El *sueño americano*, basado en el optimismo y en la posibilidad de realización que tienen los habitantes de los Estados Unidos, forma parte inherente de la vida en este gran país. Los niños, desde muy temprana edad, ya hablan que tienen sueños. Todos, casi sin excepción, hablan de alguna forma de sueños que quieren convertir en realidad. Esta idea es lo que impulsa y motiva permanentemente a la persona hacia la superación personal.

Es necesario e importante soñar con el objeto de buscar un mejoramiento integral y para eso hay que hacer trabajar a la imaginación. Pero, por supuesto, es también muy importante actuar y perseverar en la acción hasta convertir nuestros sueños en realidad. No sólo basta soñar y pensar sino hay que *actuar*.

Las estadísticas demuestran que sólo el cinco por ciento de las personas "hacen" algo en sus vidas para lograr la autorrealización y la superación espiritual. Usted, sin lugar a dudas, está en esa categoría ya que al leer este libro ha dado un paso muy importante para adquirir "cierto conocimiento" que le ayudará a vivir la vida a plenitud convirtiendo sus sueños en realidad. Piense en eso.

¿Qué es lo que los médicos, enfermeras, profesores, abogados, ingenieros, científicos, deportistas profesionales, actores, cantantes, ejecutivos de mayor éxito tienen en común? Todos tienen conocimientos especiales y una actitud muy especial ¿cierto?

Bueno, continuemos a través de las páginas de este libro, paso a paso, y usted descubrirá cómo vivir la vida a plenitud, cómo adquirir mayor riqueza en el más amplio sentido de la palabra y obtener la felicidad. Riqueza espiritual, riqueza en las relaciones familiares, riqueza en tener amigos de verdad...

También es cierto que la mayoría de nosotros no obtendrá premios como el Nóbel, el Oscar, el Tony, el Emmy, el Pulitzer, el Cervantes o una medalla en las Olimpiadas. Pero sí todos podemos disfrutar de las maravillas de la vida que están al alcance de nosotros.

Todos podemos disfrutar al observar y admirar la hermosura de los colores de un amanecer o de un atardecer, la belleza de los cambios de colores de las hojas de los árboles en el otoño, de ver el vuelo en perfecto orden de las aves migratorias en busca de cálidas temperaturas, de la sensación saludable del abrazo de un amigo, de un beso, de un cálido apretón de manos o de tomar una taza de café y charlar con un amigo de la infancia. De disfrutar de la libertad de viajar y admirar la majestuosidad de las montañas o asolearse y bañarse en una playa o de ir a un río o lago a pescar. De escuchar una bella melodía, un concierto o de ver una obra de teatro, un ballet. De apreciar la belleza de unas obras de arte en un museo. De espectar una competencia deportiva. De saborear un platillo favorito. De leer un libro. O de sentarse en silencio a meditar.

Hay una infinidad de cosas que nos pueden hacer felices y disfrutar de la vida. Aprovechemos al máximo de los bellos momentos que podamos tener ya que la vida merece ser vivida a plenitud.

Características de las personas de éxito y que son felices

Hay una serie de estudios que muestran que el 75 por ciento de las personas no sabe lo que quiere hacer o lograr en la vida, el 20 por ciento tiene cierta idea pero no sabe qué es lo que debe hacer para lograr lo que quiere y sólo el cinco por ciento sabe con precisión lo que quiere y tiene un plan para convertirlo en realidad. Sólo el cinco por ciento de las personas, la minoría, sabe lo que quiere y por eso dentro de esta categoría se encuentran aquellos que logran éxito y son felices.

Entre las personas que han tenido éxito y que son felices, hay algunos rasgos comunes característicos como tener metas claras, salud, autoestima, fe, control de sus vidas, optimismo, sólidas relaciones familiares, buenas relaciones de amigos, trabajo interesante, distracciones saludables, un propósito en la vida y esperanza.

En las páginas siguientes de este libro encontrará una serie de ideas, sugerencias y recomendaciones que tienen como finalidad proporcionarle el conocimiento básico para que convierta sus sueños en realidad y así tener una vida más plena y ser más feliz.

Las ideas que leerá en este libro son el fruto de observación, lectura, estudio, investigación, entrevistas realizadas a personas de éxito que he realizado a través de muchos años en diferentes partes del mundo, participación en seminarios y cursos sobre desarrollo personal, así como de la experiencia de la vida misma y que se han comprobado que son efectivas y que realmente ayudan a las personas a tener éxito. Muchas de las ideas son tan antiguas como la historia misma. Otras provienen del Antiguo y del Nuevo Testamento y otras son más recientes de filósofos, psicólogos, psicoterapeutas y gurús del desarrollo y actualización personal.

Posiblemente, en este instante, usted puede tener algunas dudas sobre lo que está leyendo; es normal. Es a veces difícil aceptar esta idea fácilmente ya que aparentemente no hay ninguna evidencia por el momento. Pero le pido que pruebe, que trate y muy pronto verá los resultados. No tiene nada que perder pero sí mucho por ganar. Estas ideas han sido seguidas por personas de diversas condiciones, de diferentes edades, en diferentes lugares y circunstancias a través de todas las épocas de la humanidad y han tenido gran éxito en sus vidas.

El juego de la vida

En 1992, en Houston, Texas, los Estados Unidos, tuve la oportunidad de hablar con Og Mandino, autor de *The Greatest Salesman in the World* (*El Vendedor Más Grande del Mundo*), de *The Greatest Secret in the World* (*El Secreto Más Grande del Mundo*), de *The Greatest Miracle in the World* (*El Milagro Más Grande del Mundo*) y de muchos otros libros de inspiración y motivación. El mencionó algo que me llamó la atención y que considero es muy importante tener en cuenta. Dijo: "La vida es un juego y como todo juego tiene también sus reglas, reglas sencillas, prácticas que están en vigencia desde el comienzo de la humanidad pero que muy pocas personas comprenden que hay que vivir la vida de acuerdo a las reglas de ese gran juego. Cuando se vive de acuerdo a esas reglas se encontrará el camino hacia el éxito y hacia la felicidad".

Efectivamente, todo juego (fútbol, tenis, golf, béisbol, ajedrez, ping pong, bridge, etc.) tiene sus reglas que hay que seguirlas para poder practicarlo y disfrutarlo. Por eso la vida,

que también es un juego, un gran juego, sin duda el juego
más trascendente, tiene sus propias reglas y hay que seguirlas
para alcanzar el éxito.

Que la vida es un juego, que tiene sus propias reglas y que
hay que seguirlas para lograr el éxito y la felicidad se expresa
con mucha facilidad pero la realidad es que no es tan fácil.
Todos sabemos y conocemos a personas que viven en problemas constantes. En cuanto salen de un problema entran a
otro problema que muchas veces es aún mayor dando la impresión que la vida es una sucesión de vicisitudes, tropiezos
y desgracias. ¿Por qué? Esta pregunta nos las hacemos con
frecuencia cuando tomamos conocimiento de esos problemas. Sin embargo, seguramente también conocemos a otras
personas a quienes, al parecer, la vida les sonríe constantemente, les presenta solamente aspectos favorables y disfrutan
de la vida. ¿Por qué esa diferencia?

La principal y más notable diferencia que he encontrado
entre estas dos grandes categorías de personas es la actitud
mental. La actitud mental influye notablemente para obtener resultados tan disímiles durante nuestras vidas.

Hay muchos libros, videos, programas, seminarios, cursos,
casetes publicados en diversos idiomas que hablan sobre el
éxito personal, sobre cómo superarse, sobre cómo encontrar
la felicidad en este mundo. Ahora mediante la maravilla tec-
nológica de Internet se puede tener acceso muy rápidamente a publicaciones de instituciones que hablan sobre el éxito,
la motivación, la autoestima, la confianza en sí mismo, los
objetivos o metas y muchos otros conceptos relacionados.

En este libro encontrará la esencia de los aspectos más
importantes y relevantes para lograr el éxito. Muchos autores hacen referencia al "secreto del éxito". El secreto del
éxito está escrito en gran cantidad de libros que a veces se
leen pero que, muchas veces, no se llega a descubrir cuál es

ese verdadero secreto. Siga leyendo y pronto sabrá sobre este secreto.

El verdadero secreto

El verdadero secreto, el gran secreto, es que todos tenemos la capacidad de ser felices. Tenemos la capacidad de realizarnos a plenitud para encontrar la dicha y felicidad. Para lograrlo tenemos que abrir la mente, el espíritu y nuestro corazón y jugar el gran juego de la vida de acuerdo a sus reglas especiales. Si nosotros pensamos que nuestra felicidad depende de fuerzas exteriores que la controlan, estamos cerrando las puertas de la oportunidad para nuestro desarrollo. Este libro tiene el propósito principal de convencerlo o convencerla que usted es quien tiene el control total de su vida. En este libro, en forma sencilla y práctica se señalan las reglas que usted debe seguir para poder encontrar la armonía y la felicidad en todos los aspectos de su vida.

Benjamín Franklin, político, científico, inventor y filósofo norteamericano, uno de los promotores de la independencia de las colonias inglesas en América en su autobiografía escribió: "La felicidad humana se logra no por hacer grandes cosas de buena fortuna que raramente suceden, sino por pequeñas ventajas que ocurren cada día".

El secreto está en nuestra capacidad de disfrutar la vida y esa capacidad reside en nosotros mismos. Cada persona tiene su forma particular de disfrutar la vida. Depende de la naturaleza propia de cada ser humano. Hay que disfrutar la vida haciendo uso de nuestros talentos, de nuestra creatividad, de nuestra libertad, de nuestra inteligencia y conocimientos en una forma que realmente tenga valor y que sea trascendente.

El secreto del éxito reside en hacer lo que usted realmente puede hacer y tiene las condiciones para hacerlo, hacerlo muy bien y cada vez hacer más y mejor. Las personas que

tienen más éxito son aquellas que hacen uso de sus habilidades y talentos propios. Son aquellas que desarrollan sus talentos o que desarrollan ciertas habilidades que han identifi-
cado como necesarias para triunfar en la vida. Esas personas
han determinado en qué pueden ser excelentes. Al desarrollar
esas habilidades se concentran para poder desarrollar al máximo determinadas áreas específicas.

Areas de la vida

Las áreas principales de la vida pueden clasificarse de diversas maneras, pero considero que de una manera general y
completa podemos indicar que son las siguientes:

- Personal y familiar
- Físico y de salud
- Mental y educativa
- Espiritual y ética
- Social y cultural

Para lograr una felicidad integral hay que lograr una armonía y equilibrio entre estas áreas. Cada una de estas áreas
es importante y hay que tener éxito en cada una de ellas para lograr una plena realización personal. Durante el transcurso de su vida, en función de su edad, trabajo, logros al-
canzados, nuevas metas, algunas de estas áreas adquieren
mayor importancia que otras. Va a depender, fundamentalmente, del estado en que usted se encuentre en un momento dado. Lo que hay que tener en cuenta es que en forma
global usted debe obtener un equilibrio entre todas estas
áreas para estar siempre en armonía y poder lograr una autorrealización plena.

Hay personas que tienen gran éxito en un área y en otra
no. Esto trae como consecuencia que no haya un verdadero

equilibrio en el aspecto total de la vida lo que a largo plazo conduce a que esa persona no sea realmente feliz. Cuando hay un gran desarrollo en una de las áreas en detrimento de otra, el resultado es que no se logrará el éxito y la felicidad a plenitud. Hay ejemplos muy variados de esta situación como cuando una persona se dedica casi exclusivamente a tener éxito en el aspecto profesional y económico descuidando y a veces abandonando el aspecto familiar lo que trae como consecuencia traumas en sus seres más cercanos y queridos.

Hay algo que todas las personas, cualquiera que sea su origen, educación, edad, género o situación tienen algo de común. Ese algo es que todos, casi sin excepción, queremos tener éxito. Hasta este momento no he encontrado todavía en ningún lugar a una sola persona que en el fondo de su corazón quiera realmente fracasar, que no quiera ser feliz. Todos quieren tener éxito, alguna forma de éxito. Sin embargo, también es una realidad que no todas las personas alcanzan el éxito.

¿Quiénes alcanzan el éxito y son felices?

Las personas que alcanzan el éxito son aquellas que quieren tener éxito y que trabajan para alcanzarlo. Las personas que logran la felicidad son aquellas que quieren ser felices y lo logran mediante la correcta actitud mental.

Rick Pitino, entrenador de baloncesto y gran motivador que llevó al equipo de la Universidad de Kentucky a ser campeón nacional de los Estados Unidos en 1996 en su libro *Success is a Choice* (*El Exito es una Elección*) expresa: "Lo que es verdad en una cancha de baloncesto es verdad también en el negocio de la vida. ¿Desea tener éxito? ¡Muy bien, tenga éxito! ¡Merézcalo! ¿Cómo? Trabajando más que los otros. Camine una milla más. Ponga su corazón y su alma en todo lo que haga. Pero no sucederá si usted no hace que suceda. El éxito no es un golpe de suerte. No es un derecho divino. No es un accidente de nacimiento. El éxito es una elección".

Para tener éxito y ser feliz en la vida, la primera y fundamental condición es querer, desde lo más profundo del corazón, tener éxito y ser feliz. Lo que usted piensa a diario, eso será. Si usted tiene pensamientos claros, nítidos, de lo que quiere ser, eso será. Si usted quiere tener éxito, debe pensar en el éxito constantemente. Si usted quiere ser feliz, debe pensar en la felicidad diariamente.

¿Qué es el éxito?

Podemos afirmar que casi todas las personas tienen su propia definición de éxito. El éxito tiene diferentes significados ya que depende de lo que cada persona quiere lograr en la vida. Dos hermanos criados en el mismo hogar, en el mismo medio y con las mismas oportunidades, pueden tener muy diferentes definiciones de éxito sobre la base de lo que quieren lograr en la vida. El significado de éxito para una mujer puede ser muy diferente que para una hombre. Para una pareja de esposos el significado de éxito puede ser muy diferente que para un soltero o soltera. El éxito para un joven puede ser muy diferente que el de una persona que está en la tercera edad.

El éxito al estar en función de cada persona varía mucho. Para algunas personas el éxito será obtener paz espiritual, para otras lograr una determinada posición en la vida, ser un buen padre o madre de familia, ser un buen esposo o una buena esposa, ser un buen hijo o hija, para otras, terminar una profesión, continuar estudios superiores de post grado, lograr un doctorado, tener un buen trabajo, ser el gerente general de una empresa, un investigador, un mecánico, una técnica, un analista o programador, pintar, tocar un instrumento, ser deportista profesional, ser maestro, ser director de orquesta, ser periodista, ser escritor, tener poder, conocimiento, sabiduría, dedicar su vida al servicio de otras personas. Otras asociarán el éxito con fortuna material.

Para Ralph Waldo Emerson, creador del trascendentalismo, considerado como uno de los más grandes autores, filósofos y pensadores de Estados Unidos, el éxito es:

- Reír a menudo y mucho.
- Ganarse el respeto de personas inteligentes y el afecto de los niños.
- Ganarse la aprobación de críticos honestos y resistir la traición de los falsos amigos.
- Apreciar la belleza.
- Encontrar lo mejor en las otras personas.
- Dejar el mundo un poco mejor; ya sea mediante un niño saludable, un pedazo de jardín o mejorar una condición social.
- Haber jugado y reído con entusiasmo y cantado con júbilo.
- Saber que una vida ha respirado mejor porque usted ha vivido.

Todo esto es haber tenido éxito

El éxito es un estado de la mente. Básicamente ha sido demostrado que todo lo que usted quiera tener lo puede tener. Usted tiene que tener sueños, creer que es posible convertir esos sueños en realidad y trabajar intensamente para conseguirlo. El éxito está a su alcance.

Una definición de éxito

¿Cuál es la definición de éxito? Si bien es cierto que hay varias definiciones de éxito, una que prefiero por su carácter general y porque considero es completa es la siguiente:

Éxito es el desarrollo progresivo de metas personales que tienen valor y que han sido predeterminadas".

Esta definición tiene un significado profundo y es muy completa, por lo que vamos analizar sus elementos para comprenderla mejor.

En esta definición se aprecia que el éxito es un desarrollo progresivo, es decir que el éxito es un proceso que se obtiene poco a poco, paulatinamente. No hay en realidad un éxito instantáneo. No es posible lograr el éxito de la noche a la mañana. Todo se va logrando progresivamente, paso a paso, a través de toda una vida. Hay que trabajar constantemente para ir progresando.

El desarrollo integral de la persona es también progresivo al igual que el desarrollo físico, todos hemos primero aprendido a gatear después a ponernos y a mantenernos de pie, luego a caminar y posteriormente a correr y a saltar. Todos hemos empezado a balbucear sonidos y palabras para poco a poco ir desarrollando la habilidad de expresar nuestros pensamientos y comunicarnos con los demás. Todos hemos aprendido a identificar primero letras, luego sílabas, palabras, oraciones para después leer. Y así podríamos enumerar el paulatino desarrollo de nuestras habilidades. El éxito es un desarrollo progresivo, un proceso.

Zig Ziglar, experto motivador, autor de *See You at the Top* (*Nos Vemos en la Cumbre*) dice: "El éxito consiste en una serie de pequeñas victorias diarias" y el Dr. Robert H. Schuller, evangelista norteamericano, expresa que "el éxito nunca termina y que el fracaso nunca es final".

Otro concepto muy importante en la definición es que en el éxito está implícito en el establecimiento de *metas personales.* Es decir cada persona debe fijarse sus propias metas. Nadie podrá fijar metas a otra persona.

Recuerde siempre que usted es quien debe fijarse sus propias metas y que nadie podrá fijar metas por y para usted, así como que usted no podrá fijar metas a otras personas. En este concepto está implícito el sentido de responsabilidad.

Cada persona debe asumir la responsabilidad de su propio destino, de su propia vida. Como las metas son personales, cada persona es responsable de sus propias metas y por lo tanto cada persona es la única responsable de lo que logra o no logra en la vida. Por eso tampoco hay que medir el éxito que ha logrado una persona y compararlo con el éxito de otras personas. Usted no debe competir con nadie. Al ser personal el éxito estará en función directa de lo que usted logra sobre la base de sus habilidades y aptitudes propias. Este es un requisito muy importante ya que si no es personal será imposible que usted mantenga el interés por largo tiempo o que realmente esté comprometido en alcanzar dicha meta.

Las metas personales para que valgan la pena alcanzarlas deben ser *de valor*, de un valor moral. Deben ser trascendentes, deben tener importancia para usted. Cuanto más valor tengan sus metas personales, más intenso será el deseo de alcanzar lo que se quiere lograr. Usted quiere lograr lo que se ha propuesto porque es lo correcto y porque será beneficioso para usted y para sus seres queridos.

Sus metas personales tienen que ser importantes para usted. Cuando establece una meta, usted está indicando que algunas cosas son más importantes que otras. Está fijando una prioridad y al fijar esa prioridad le será más fácil escoger lo que es relevante y desechar todo lo que no está directamente relacionado con lo que quiere lograr. Usted concentrará sus energías en lo que es realmente importante.

Si las metas son superfluas o sin mayor trascendencia, el deseo de querer alcanzarlas o de hacer lo que se ha propuesto se desvanecerá muy pronto y cualquier obstáculo que encuentre en el camino le hará apartarse del sendero que le conduce a lograr la meta y pronto abandonará el intento de continuar.

No se trata tampoco de tener metas ilusas como Don Quijote de la Mancha, el célebre personaje de Miguel de Cervantes Saavedra, figura máxima de las letras españolas, que en su afán de destruir ejércitos imaginarios peleaba contra molinos de viento. Tampoco se trata de estar ocupado en algo por el mero hecho de estar haciendo algo, ya que el resultado será de nunca lograr nada ni para ellos mismos ni para los demás.

Marco Aurelio, emperador y filósofo romano, expresó con gran sabiduría: "La verdadera grandeza de una persona reside en la conciencia de un propósito honrado en la vida".

Las metas personales de valor y trascendentes serán la fuente de inspiración para esa fuerza interna que hará uso de su máximo potencial para seguir, paso a paso, por el camino ascendente hacia el éxito y la felicidad.

Una meta de valor, que valga la pena, es "encontrar un propósito en la vida tan grande que sea un verdadero reto a su capacidad de ser lo mejor que puede ser". Ser lo mejor que se puede ser en la vida, es un verdadero reto para el que quiere tener éxito y lograr la felicidad.

El otro concepto importante en la definición del éxito es que las metas personales deben ser *predeterminadas*, lo que quiere decir es que las personas deben alcanzar las metas que ellas mismas se han fijado con anterioridad. Para poder llegar a un lugar usted debe saber con precisión cuál es ese lugar.

¿Qué desea ser? ¿Qué desea lograr? ¿Qué desea tener? ¿Cómo llegar desde donde se encuentra actualmente —ahora— hasta donde quiera llegar?

Lo primero que debe hacer es tener una representación mental de lo que quiere ser, de lo que quiere lograr, de lo que

quiere tener. Usted debe construir primero su futu
imaginación; nada puede ocurrir si no lo ha rep
antes en su imaginación. Usted debe representar e
ginación sus propias metas.

Estas metas pueden ser contraer matrimonio con la persona ideal, tener una familia donde el amor y la comprensión sean los pilares fundamentales, realizar un negocio, estudiar para terminar una profesión o adquirir más conocimientos específicos, comprar una casa, comprar un automóvil, aumentar sus ingresos, mejorar su salud, realizar un viaje, etc. Usted debe determinar previamente sus propias metas ya que nada en la vida se consigue por obra del azar o de la casualidad.

El alcanzar el éxito y la felicidad es un proceso continuo, por eso cuando se alcanza una meta hay que fijarse otra meta y otra, y otra, y así sucesivamente durante toda la vida. Lo que en realidad sucede para la mayoría de las personas es que al no tener metas deambulan por la vida sin un propósito definido lo que causa insatisfacción, frustración y vacío espiritual.

También es cierto que no siempre se puede predecir el resultado completo cuando se alcanza un objetivo predeterminado. Lo que es importante es que el logro de un objetivo o meta sea el resultado directo de lo que se quiere lograr.

Will Rogers, considerado por muchos como uno de los más grandes humoristas-filósofos de este siglo, nació y pasó gran parte de su vida en su estado natal Oklahoma, en el centro de los Estados Unidos. Will Rogers fue un "cowboy" y manejaba el lazo con una asombrosa destreza. Después actuó en Broadway y recorría todo el país haciendo presentaciones. Hoy existe una universidad que lleva su nombre. Will Rogers expresó lo siguiente: "Si usted quiere tener éxito en la vida, usted tiene que saber lo que está haciendo, creer en lo que está haciendo y amar lo que está haciendo". Esta es una excelente fórmula para alcanzar el éxito.

Ahora, por favor, conteste con sinceridad y con sus propias palabras la siguiente pregunta: ¿Qué significa el éxito para usted?

Para mí, el éxito significa:

_____

_____

_____

_____

Su definición de éxito es muy importante. Lo que usted piensa es el éxito, así será. Usted puede lograr el éxito si es que se propone actuar para lograrlo. En este libro encontrará una serie de ideas que le ayudarán a conseguir lo que se propone. Tenga confianza en sus propias habilidades, en su propio talento y en el enorme potencial que está latente dentro de usted.

El éxito es un proceso

El éxito no es el fruto del azar ni de la suerte. El éxito no se puede comprar ni heredar. El éxito es un proceso que dura toda la vida, es el fruto de una idea, de un sueño que se plasma y que para convertirlo en realidad hay que actuar en forma decidida haciendo uso de todos los talentos que cada persona posee. Cuando se logra una meta, inmediatamente hay que fijarse otra y otra. El éxito es una jornada, es un proceso. Disfrute del proceso de alcanzar una meta, disfrute de cada instante de logro, de cada realización. Por eso el éxito para que tenga un verdadero significado debe ser personal.

¿Sabe lo que está haciendo? ¿Cree en lo que está haciendo? ¿Ama lo que está haciendo? Si todas sus respuestas son afirmativas, sin lugar a dudas, usted está en camino hacia la cumbre del éxito total.

Napoleon Hill, el primero en publicar una filosofía del logro personal en su libro *Think and Grow Rich* (*Piense y Hágase Rico*), un best seller de todos los tiempos, manifestó: "Hombres y mujeres de éxito adquieren éxito porque adquieren el hábito de pensar en términos de éxito. Adquiera el hábito del éxito en pequeñas circunstancias que estén bajo su control y pronto usted estará controlando las grandes".

Joyce Brothers, Ph.D., en su libro *The Successful Woman* (*La Mujer de Exito*) expresa: "El éxito es un estado de la mente. Si usted quiere éxito, empiece a pensar que usted es un éxito".

El éxito está un función de lo que cada persona puede lograr sobre la base de sus propias metas y a su potencial. Por lo tanto nadie debe efectuar una comparación con lo que otra persona logra o hace, ya que el éxito es personal. Recuerde siempre esto: el éxito es personal.

No espere ni se quede esperando pacientemente hasta cuando la felicidad buenamente lo venga a buscar, o esperando ser feliz en un día venidero, día que a lo mejor tardará mucho o quizá nunca llegará. Hay que elegir tener éxito. Hay que elegir ser feliz. Decida hoy, en este momento, a tener éxito y ser feliz.

Usted posee, dentro de sí, todo lo necesario para lograr la felicidad y el éxito. En este libro encontrará las herramientas necesarias para convertir sus sueños en realidad. No tiene importancia si es que en el pasado usted trató y no obtuvo los resultados esperados. Recuerde que hoy es un nuevo día. Lo importante no es lo que haya pasado sino lo que usted hace hoy. El futuro no es algo que va a pasar simplemente. El futuro, su futuro, es lo que usted elige ser, hacer, lograr y tener. Usted tiene la fuerza interna, los talentos y el potencial para lograr las metas que usted mismo se fije.

Su jornada hacia la felicidad y hacia el éxito empieza hoy día. Usted puede convertir sus más preciados sueños en realidad. Hoy es el gran día ya que inicia su gran jornada hacia la felicidad y el éxito.

El éxito es el desarrollo progresivo de metas personales que tienen valor y que han sido predeterminadas.

2

¿Quién es usted?

Usted es el milagro más grande del mundo.

Og Mandino

¿Quién soy yo? Posiblemente usted se ha hecho esta pregunta más de una vez. En realidad, esta es una pregunta muy profunda, de un gran contenido filosófico. Hay muchas personas que se hacewn esta pregunta y que se la siguen haciendo pese a ser adultas. ¿Y usted, quién es realmente?

Permítame presentarle algunos comentarios al respecto. Lea bien, luego, juzgue por usted mismo o usted misma.

Nueve meses antes de venir al mundo, usted era un pequeñísimo ser en medio de 200 millones de seres similares. Luego, ¿qué pasó?, ¡Usted fue el más rápido, el más veloz, el más fuerte de todos! Usted fue el ganador en una prueba donde competían 200 millones. Usted fue quien llegó primero a la meta. ¡Usted fue el gran campeón!

Nueve meses después de la gran prueba, usted nació.

Muriel James y Dorothy Jongeward, expertos en análisis transaccional, en su libro *Born to Win: Transactional Analysis with Gestalt Experiments* (*Nacido Para Ganar: Análisis Transaccional con Experimentos Gestalt*), expresan que "Cada ser humano nace como algo nuevo, algo que nunca ha existido antes. Cada ser humano nace con la capacidad de ganar en la vida. Cada persona, hombre o mujer, tiene su propio potencial, capacidades y limitaciones. Cada persona tiene su propia manera de ver, escuchar, tocar, saborear y pensar".

Etapa de dependencia

Usted fue, en ese entonces, una débil criatura que necesitaba de otras personas para poder sobrevivir. Usted tenía que ser alimentado, lavado, protegido y cuidado con gran esmero. A la edad de dos años, usted empezó a darse cuenta que no podía subsistir sin la ayuda de las personas que estaban a su alrededor. Usted, sin la ayuda de ellos, podría morirse de hambre.

Usted no sabía nada, ellos parecían saberlo todo. No podía caminar con seguridad, no podía abrir las puertas, ni siquiera podía comunicarse con otros. Era totalmente dependiente.

Usted era muy pequeño y se sentía como tal y quizás un tanto inferior al compararse con esos "gigantes" que estaban a su alrededor. Aprendió a depender de ellos sin cuestionar sus acciones. Usted debía obtener la aprobación de ellos y agradarlos, en caso contrario, ellos podían castigarlo. Parecía que ellos tenían todas las respuestas mientras que usted trataba de comprender algunas cosas por sí mismo. En la mayoría de los casos, usted aprendió a aceptar el juicio de las otras personas.

Constantemente, durante ese período de su vida, una de las etapas más importantes de la vida, usted ha escuchado, posiblemente, las siguientes expresiones:

- No hagas eso.
- No puedes hacer eso.
- Todavía eres muy pequeño.
- Tú no sabes las cosas.
- Te falta mucho por aprender.

Usted ha recibido, con casi toda seguridad, un bombardeo diario de cientos de directivas e instrucciones que le decían qué era lo correcto y lo incorrecto. Por eso posiblemente se sentía inferior con relación a los mayores, a los más grandes.

A la edad de tres años, su lógica le habría indicado que había aceptado el hecho siguiente: "Yo *no* estoy bien. Ellos *están* bien".

A partir de ese momento, posiblemente todas sus acciones han sido dirigidas y controladas por las siguientes creencias:

- Las otras personas conocen o saben más.
- No puedo estar seguro o segura de mi pensamiento.
- Debo obtener la aprobación de los demás.
- Dígame qué debo hacer.
- No puedo decidir por mí mismo.

Todas las personas, unas más otras menos, sin excepción, han pasado por esta experiencia en la niñez, aún en la juventud y también algunos continúan en la vida adulta cuando tienen relaciones cercanas con algún familiar muy posesivo o con mucha autoridad o que no quiere perder el control. Es la etapa de la total dependencia en los demás. Y para la mayoría de las personas, esta inadecuada imagen de sí mismo se fija y sirve de guía para el resto de sus vidas.

Esta dependencia puede ser física, espiritual o intelectual. Cuando esto sucede, casi todas las decisiones y acciones se basan desde ese punto de vista: "Yo *no* estoy bien", o "Qué puedo hacer para complacer a los demás". Está de más decir que esa actitud negativa se refleja en un constante sentimiento de inseguridad, timidez, temor y hasta en un cierto complejo de inferioridad.

La inseguridad es un factor que está sumamente enraizado en los sentimientos de la gran mayoría. Esa inseguridad se refleja en la juventud, en los estudiantes, en el trabajo, en la relación y trato con los demás. La inseguridad es un freno que dificulta el avance hacia el éxito y que impide la autorrealización. La timidez limita la expresión y acción de la persona y el temor puede ser paralizante y destructivo.

Sin lugar a dudas que las intenciones de los padres de familia o familiares o personas adultas han sido buenas, pero posiblemente la mayoría de ellos desconocían y no comprendían la influencia que tiene en los niños las palabras y pensamientos que se repiten. La mayoría de los padres no han leído libros sobre psicología infantil ni sobre la educación de los niños. La mayoría educa a sus hijos en forma instintiva y por imitación y no de una manera científica.

Pablo Casals, célebre violonchelista y director de orquesta español, lo expresa muy bien cuando dijo:

> Cada segundo que vivimos es un momento nuevo y único en el universo, un momento que nunca volverá a ser... ¿Y qué enseñamos a nuestros hijos? Les enseñamos que dos más dos son cuatro y que París es la capital de Francia. ¿Cuándo le enseñaremos también lo que son? Deberíamos decir a cada uno de ellos: ¿Sabes qué eres? Eres una maravilla. Eres único. En todos los años que han pasado nunca ha habido otro niño como tú. Puedes llegar a ser un Shakespeare, un Miguel Angel, un Beethoven. Tienes capacidad para cualquier cosa. Sí, eres una maravilla. Y cuando crezcas, ¿podrías entonces causar daño

a otro que es, como tú, una maravilla? Debes trabajar, todos debemos trabajar, para hacer del mundo
algo digno de sus hijos.

Etapa de independencia

Después de la etapa de la dependencia viene la etapa de independencia. En esta etapa las personas logran afirmar su
personalidad, su carácter, sus valores y se independizan de la
influencia de las otras personas.

Es muy importante lograr este desarrollo individual. En esta etapa muchas personas toman decisiones sobre su vida y
piensan que sus acciones no influyen en las demás, lo que en
realidad no es así. Lo que sucede a veces es que esta etapa de
independencia es como una reacción violenta a la dependencia de tantos años y se presenta un exceso de independencia.

En esta etapa también se pueden generar, en algunos casos, una serie de conflictos entre esa persona y sus seres más
queridos. Esta es la etapa en que algunos jóvenes piensan
que son los reyes o reinas del mundo, y que pueden hacer todo los que les viene en gana rompiendo, muchas veces, con
los principios y valores familiares o sociales tradicionales
aun con los valores morales. Como resultado de esta actitud
se pueden crear sentimientos de angustia, animadversión,
cólera, ira y frustración, ya que algunos piensan que pueden
actuar sin pensar en nadie más.

Etapa de interdependencia

La siguiente etapa en el desarrollo de las personas es la de la
interdependencia en la cual la persona evoluciona con independencia, con sus propios principios y valores, pero
interactuando con los otros miembros de la sociedad. La
interdependencia es la etapa de la cooperación con otros y

en la cual se pueden combinar las propias habilidades y talentos con las de los otros.

Las personas dependientes no pueden actuar sin el consentimiento de otros. Necesitan siempre la aprobación de otros para actuar, necesitan de otros para obtener lo que quieren. Las personas independientes pueden obtener lo que quieren por sus propios esfuerzos. Las personas interdependientes son capaces de combinar sus propios esfuerzos con los de las otras personas y los resultados son más amplios y mejores y por lo tanto pueden obtener un mayor éxito.

La vida en sí es muy interdependiente. Por eso la interdependencia es la etapa de más madurez, de un mayor desarrollo espiritual: es un concepto avanzado y de gran realización. Con interdependencia, se puede lograr la sinergia en todos los campos de la vida. Mediante la interdependencia hay más confianza en otros, en la sociedad, en el mundo. Las personas interdependientes buscan primero comprender y luego ser comprendidas. Mediante la interdependencia es que realmente se logra la verdadera independencia.

¿En cuál de las etapas, dependencia, independencia o interdependencia está usted? Es importante que usted haga una autoevaluación crítica para determinar en qué etapa se encuentra en su evolución.

Las personas, en cualesquiera de las etapas en que se encuentren, todas, sin excepción alguna, con sus habilidades y talentos, así como con sus debilidades, tienen dentro de sí un enorme potencial que está latente, que está esperando desarrollarse para lograr lo que más quiere en esta vida. La verdad es que la gran mayoría de las personas no han usado ese potencial y posiblemente nunca lo usarán para lograr el éxito y la felicidad en la vida.

Eric Berne, psiquiatra nacido en Montreal, Canadá, naturalizado estadounidense en 1939, que desarrolló la teoría del

Análisis Transaccional, expresa: "Cada persona diseña su propia vida. La libertad le da el poder de llevar a cabo sus propios diseños y el poder le da la libertad de interferir con los diseños de otros".

Alternativas en la vida

Ahora, como una persona adulta, usted tiene dos alternativas:

1. Vivir el resto de su vida tal como usted posiblemente ha venido viviendo hasta este momento. Es decir, sin hacer uso ni desarrollar ese enorme potencial interno que usted tiene. Dentro de su ser hay un gigante extraordinario que está esperando que usted lo despierte. Si no lo hace, está corriendo el tremendo riesgo de nunca llegar a conocer lo que es la real felicidad y la tranquilidad de espíritu.

2. Continuar con la presentación que usted realizó en la carrera de los doscientos millones. Es decir, continuar como ganador, porque en esa primera gran prueba usted —sí, usted— resultó ser el número uno.

Por lo tanto, si usted lo quiere, podrá seguir por la senda del triunfo pese a las influencias negativas que ha venido recibiendo hasta este momento. Esta alternativa le permitirá vivir a plenitud, ser feliz y podrá convertir sus sueños en realidad.

Seres condicionados

Debemos tener siempre presente que la gran mayoría de nuestros pensamientos no son pensamientos propios, en el sentido que no somos los creadores absolutos de tal o cual idea. Nosotros recibimos constantemente los pensamientos de otras personas; somos bombardeados en todo momento por las ideas de otros. En realidad, somos seres condicionados por el medio, la sociedad, la prensa, la radio, la televisión y por todo lo que está alrededor nuestro. El medio en que vivimos, el medio en que actuamos, las personas con las que nos juntamos, lo que leemos, lo que escuchamos en la radio, lo que vemos en la televisión y en el cinema, todo tiene gran influencia sobre nosotros.

Algunas de esas ideas que recibimos del exterior armonizan perfectamente con nuestros pensamientos más profundos y nos sirven para reafirmar nuestras ideas o para permitirnos ampliar la visión que tenemos. Pero, con mucha frecuencia algunas de esas ideas influyen negativamente al generarnos una cierta falta de confianza en nosotros mismos o al distraernos de nuestro propósito principal en esta vida.

Es importante estar conscientes que así como hay ideas positivas que nos ayudarán, también hay ideas negativas que pueden influirnos y apartarnos de nuestros objetivos principales. De ahí que sea de gran importancia seleccionar a las personas con las que vamos a frecuentar, los libros, periódicos y revistas que vamos a leer, los programas radiales que vamos a escuchar, los programas televisivos que vamos a ver, el medio en el que vamos a vivir y actuar ya que todos tienen gran influencia sobre nuestra manera de pensar y en la forma como vamos a actuar. Muy pocas personas se dan cuenta que la ley de la causa y el efecto se aplica también a las operaciones de la mente.

¿Cuál alternativa va a elegir? ¿Está decidido a cambiar?

Yo estoy convencido que sí se puede cambiar en cualquier momento de la vida. Eso sí, para cambiar, hay que tener un profundo deseo de cambio. Hay que desear intensamente convertir sus anhelos en realidad. Esta lectura le ayudará a encontrar el camino más adecuado y las acciones que usted debe seguir para tener éxito en su vida.

Usted es el milagro más grande del mundo

Piense que usted es el milagro más grande del mundo. Usted ha sido creado a imagen y semejanza de Dios. Usted tiene la capacidad para lograr lo que desee siempre que trabaje por ello. Usted tiene una extraordinaria fuerza interior, un espíritu, una energía interna, un potencial sin límites, que está latente y está listo para actuar por usted en el momento que usted quiera. Usted es único y no hay otra persona como usted en todo el mundo y más aún nunca habrá ni nunca ha habido una persona como usted. Nadie es como usted ni jamás nadie lo será. Dios nos ha creado únicos, originales. Usted es usted, usted no es superior ni inferior a otro ser humano.

Zig Ziglar expresa: "El hombre, como criatura, fue concebido para el logro y la realización, equipado para obtener el éxito y dotado con una posibilidad de grandeza".

Napoleón Bonaparte expresó: "Tenemos el derecho a un imperio".

Muriel James y John James expresan: "El espíritu humano es una fuerza animada vital en una persona que la puede mover más allá de los confines normales hacia un sentido de unidad y santidad".

Usted es único en este mundo y usted tiene que tener el total control sobre su destino. De usted depende, ¿quiere controlar su vida o desea que otros la controlen?

Bruce Jenner, uno de los atletas más completos del mundo que ganó la medalla de oro en la prueba de Decatlón en los Juegos Olímpicos de 1976, en su libro *Finding the Champion Within* (*Encontrando al Campeón Dentro de Usted*), publicado en 1996, dice: "Tenemos un poder que está muy dentro de nosotros, un poder que la mayoría no sabemos que lo tenemos".

Ahora es importante que usted determine de la forma más imparcial posible, ¿cuáles son sus realizaciones, sus logros, en cada una de las áreas de la vida?

Las áreas de la vida como anteriormente vimos son: personal y familiar, profesional y financiera, físico y de salud, mental y educativa, espiritual y ética, social y cultural.

Usted es un ser complejo, que juega varios roles durante su vida y que tiene diferentes necesidades y deseos. El conocimiento de sí mismo es el primer y más importante paso en el proceso de la autorrealización personal para lograr el éxito y la felicidad.

Autoevaluación personal

Es conveniente hacer un inventario de sus habilidades, aptitudes, talentos, conocimientos así como también de algunas debilidades que usted tiene en este momento. Nadie es perfecto pero sí debemos intentar acercarnos lo más que sea posible a esa situación ideal. Esta autoevaluación le dará una perspectiva real de su vida actual y futura.

Mediante esta imparcial autoevaluación se le abrirá las persianas o cortinas de la habitación donde se encuentra para poder ver con más claridad la luz. Su momento actual y futuro se le presentará en forma más clara. Usted podrá ver con mayor nitidez el horizonte lejano y apreciará que el cielo, como su futuro, es ilimitado.

Al realizar este autoanálisis, esta autoevaluación, podrá darse cuenta dónde se encuentra en su progresión hacia la interdependencia y autorrealización personal. Al hacer este inventario hay que ser honesto consigo mismo. Este inventario es sólo y únicamente para usted. Actúe con absoluta sinceridad.

Monseñor Rómulo Emiliani expresa: "Nadie puede ser dueño de sí mismo o de sí misma si no se conoce profundamente ni sabe por qué está en este mundo".

Una forma de hacer este inventario para determinar dónde está en este momento es escribiendo los logros que usted ha realizado y los triunfos que ha obtenido en cada una de las áreas de la vida hasta ahora.

Escriba los logros y triunfos que usted considera más importantes. No sea modesto. Piense y escriba todos sus logros y triunfos durante su niñez, juventud y como adulto. No tienen que ser cosas extraordinarias sino algo de lo que usted se siente feliz, satisfecho, que le costó esfuerzo y dedicación. Algo que usted se propuso y lo logró. Escríbalos en cada una de las áreas de la vida.

Mis logros son los siguientes:

1. En el área personal y familiar

_____

_____

_____

_____

2. En el área profesional y financiera

_____

_____

_____

_____

3. En el área físico y de salud

_____

_____

_____

_____

4. En el área espiritual y ética

_____

_____

_____

_____

5. En el área mental y educativa

_____

_____

_____

_____

6. En el área social y cultural

_____

_____

_____

_____

Mis habilidades y puntos fuertes más importantes:

_____

_____

_____

_____

Mis debilidades en estos momentos y que voy a corregir:

_____

_____

_____

_____

Al haber efectuado esta autoevaluación, al haber hecho el recuento de su vida, usted sabe, ahora, con mayor precisión, cuál es su situación actual. Usted sabe cuáles son sus puntos fuertes, sus habilidades y talentos que puede y debe desarrollar aún más. También ha reconocido algunos de sus puntos débiles sobre los cuales tiene que trabajar para superarlos. Ahora está en mejores condiciones para continuar y lograr lo que quiere realmente ser.

En la vida se actúa de acuerdo a los valores, creencias, principios o estándares de comportamiento que cada persona tiene. Son precisamente estos valores, creencias, principios y estándares que guiarán nuestro accionar y comportamiento.

Cuantos más sólidos sean esos conceptos más fácil será establecer los objetivos, el plan de acción y tomar decisiones.

Los valores personales son los que guiarán nuestro accionar durante toda la vida. Los valores que usted tiene ahora los podrá reafirmar, podrá hacer algunas modificaciones o, tal vez, cambiarlos totalmente en función del nuevo ritmo que tendrá su vida.

Posibilidad de cambiar

Cualquiera que sea su situación actual, lo importante es que usted puede cambiar si quiere cambiar. Usted puede lograr cambios para hacer uso del gran potencial que tiene dentro de sí y vivir la vida a plenitud. La vida es hermosa y merece ser vivida de la mejor forma posible.

Uno de los grandes problemas de los seres humanos es la mediocridad. Muchas personas tienen tendencia a aferrarse a pensamientos minúsculos sin avizorar la grandeza que es posible obtener en esta vida. Esas personas se contentan con hacer lo mínimo indispensable y poco a poco se acostumbrarán al rendimiento mínimo convirtiéndose en personas mediocres.

En verdad, la capacidad de las personas es casi ilimitada si se usa la enorme energía interna que todos poseemos.

Esto lo podemos apreciar muchas veces cuando una persona se entrega con verdadera pasión y entusiasmo a hacer algo. Su caudal de energía es enorme y las horas se pasan sin sentir, pudiendo trabajar sin descanso, ocho, diez o doce horas en un día. Cuando existe ese entusiasmo se puede trabajar mucho más tiempo que lo acostumbrado y al final se siente un sentimiento de realización, de satisfacción, de tranquilidad, de alegría por el trabajo realizado.

En cambio, cuando la persona trabaja sin motivación, sin propósito, sin entusiasmo, las horas parecen tener una duración excesiva y el cansancio, aburrimiento y agotamiento hacen presa fácil de aquella persona.

Para tener éxito, vivir la vida a plenitud y lograr la felicidad, hay que dirigir la energía interna que todas las personas poseen en forma positiva, buena y con sentido moral. Esto nos debe llevar a tener una verdadera pasión por la vida.

Una verdadera obra de arte

La vida es como una orquesta y Dios le ha dado a usted la batuta para que la dirija. Usted controla los tonos, el tiempo, el ritmo, los acordes y la intensidad de la música de los diferentes instrumentos. Haga de su vida una bella sinfonía llena de armonía, con sonidos hermosos y riqueza de sentimientos.

La vida es como un libro con páginas en blanco y Dios le ha dado el lápiz y la inspiración para llenar esas páginas con pensamientos y acciones que usted elija. Escriba su propia vida, una historia de logros, de permanente desarrollo personal y autorrealización, de grandeza espiritual, de amor, de felicidad, de éxito, con gran optimismo y muchos sueños realizados y por realizar.

La vida es como un cuadro por pintar y Dios ha hecho de usted un o una artista y le ha dado la inspiración, la imaginación y el pincel para que pinte con absoluta libertad, usando los colores y matices como usted desee. Pinte su vida como una pieza maestra, bella, única, una que nadie nunca podrá jamás igualar.

La vida es una obra de arte y usted es el gran artífice que puede convertirla en realidad con sus ideas, pensamientos, voluntad y acción.

Prepárese para tener éxito en todas las áreas de la vida: personal y familiar, profesional y financiera, físico y de salud, mental y educativa, espiritual y ética así como social y cultural.

Usted es una obra de arte. Usted es el milagro más grande del mundo.

3

Confianza en sí mismo

La confianza en sí mismo es el primer secreto del éxito.

Ralph Waldo Emerson

Para lograr lo que usted desea en este juego de la vida debe tener gran confianza en sí mismo. Recuerde que las personas son lo que quieren ser y que usted y sólo usted tiene control total sobre su vida y por lo tanto los resultados dependerán únicamente de lo que hace o deje de hacer. Por eso usted debe tener confianza en su talento, en sus propias habilidades, en lo que es capaz de hacer.

Recuerde siempre que son nuestros pensamientos los que nos hacen lo que somos. Todo, absolutamente todo, se genera primero en nuestra mente. Nadie puede ser o llegar a ser algo que no ha pensado. Si tiene pensamientos de grandeza y optimismo, usted será grande y optimista. Si tiene pensamientos mediocres y pesimistas será mediocre y pesimista. Nuestros pensamientos y nuestra actitud mental son los que determinan nuestro destino. Usted debe proyectar siempre una gran imagen de usted mismo o de usted misma. Proyecte en esa imagen la persona que usted realmente quiere ser.

Teniendo confianza en sí mismo o en sí misma usted puede llegar a alturas insospechadas impelido por la fuerza enorme que genera su autoconfianza. Usted puede si cree que puede.

¿Qué es la autoestima?

Nathaniel Branden, Ph.D., psicólogo y psicoterapeuta, en su libro *The Six Pillars of Self-Esteem* (*Los Seis Pilares de la Autoestima*), define la autoestima como:

1. Confianza en nuestra habilidad de pensar, confianza en nuestra habilidad de hacer frente a los retos básicos de la vida; y

2. Confianza en nuestro derecho de tener éxito y ser felices, de sentir que tenemos valor, que merecemos satisfacer nuestras necesidades y deseos, lograr nuestros valores y disfrutar de nuestros esfuerzos.

Una de las definiciones más difundidas en los Estados Unidos sobre la autoestima fue publicada en el estudio realizado en Sacramento, California, con la finalidad de promover la mejor imagen de las personas así como la responsabilidad personal y social. Es la siguiente:

Autoestima es apreciar mi propio valor e importancia y tener el carácter para ser responsable de mí mismo o mí misma y de actuar responsablemente con otros.

Importancia de una buena autoimagen

Para tener confianza usted debe tener una buena imagen de sí mismo y por lo tanto una gran autoestima. La autoestima es vital para que usted logre alcanzar las metas que le son valiosas. La fe, la confianza en sí mismo y la autoestima se obtienen mediante pensamientos positivos.

La buena imagen o autoestima que se tenga de uno mismo es importante en todas las actividades de la vida. Cuando una persona tiene una buena autoestima, tiene confianza en su mente y, por consiguiente, tiene confianza en las decisiones que toma y sabe que si actúa correctamente en función de sus metas de valor merece alcanzar el éxito y la felicidad.

El decatlonista norteamericano Bruce Jenner menciona: "He descubierto que nuestra actuación en la vida es un reflejo directo de la imagen que tenemos de nosotros mismos".

Las personas son lo que son sus pensamientos. De ahí que sea vital que usted tenga solamente pensamientos positivos. Las personas que tienen pensamientos positivos son optimistas y se enfrentan a los problemas de la vida con esperanza, con una actitud favorable para resolver los problemas. Lo que una persona piensa y hace determina el nivel de su autoimagen.

Ralph Waldo Emerson, en su ensayo sobre la *Confianza en Sí Mismo*, escribió: "Una victoria política, un aumento de rentas, el restablecimiento de un ser querido, el retorno de un amigo ausente o cualquier otro acontecimiento totalmente externo, entonan el ánimo y hacen pensar que se acercan días felices. No lo creamos. Nunca puede ser así. Sólo nosotros podemos traernos paz".

Nathaniel Branden expresa: "La imagen que la persona tiene de sí misma, ya sea alta o baja, tiende a ser un generador de una profecía que se cumple por sí misma".

Los pensamientos negativos son contagiosos

Considere por un momento a las personas que le rodean. ¿Cómo actúan? ¿Cómo se comportan? ¿Son positivas o negativas? ¿Son optimistas o pesimistas? Posiblemente, la inmensa mayoría son personas que tratan de ocultar sus propias debilidades criticando a los demás. Ellas posiblemente se están quejando constantemente de todo: del gobierno, de los amigos, del trabajo, de la empresa, del jefe, del clima, de la economía, del tránsito, etc., etc.,... y, posiblemente, es una lista sin fin. Esas personas se comportan de esa manera porque son inseguras. Son personas que tienen pensamientos negativos y por eso son negativas. Se sienten culpables, están permanentemente preocupadas, temerosas y confundidas.

Esas personas enfatizan los aspectos negativos de la vida. Generalmente usan expresiones como estas:

"es difícil",... "es imposible",... "no es justo",... "no hagas eso",... "no puedo",... "no creo",... "a mi qué",... "¿para qué trabajas tanto?", etc., etc.

Si usted está en contacto con esas personas hay muchas posibilidades que usted se convierta en una de ellas. Los pensamientos negativos son muy contagiosos; si una persona está escuchando constantemente pensamientos negativos con toda probabilidad se convertirá rápidamente en una persona negativa. En los jóvenes principalmente podemos apreciar la gran influencia que tiene sobre otros la pandilla, el grupo; un joven o una joven en contacto con un grupo de pandilleros es muy probable que dentro de muy poco se convierta en un miembro y empiece a actuar negativamente.

La realidad es que toma muy poco tiempo el ser influenciado por los demás. Recuerde que usted forma parte del entorno que le rodea y que será influenciado, lo quiera o no lo quiera, por él. Hay que estar consciente de esto; es una realidad. Por lo tanto, trate de elegir el mejor ambiente que le ayude a alcanzar el éxito. Analice frecuentemente su ambiente y pregúntese: ¿me está ayudando a tener éxito o me está frenando?

Para poder hacer un cambio profundo en el comportamiento, muchas veces es aconsejable cambiar radicalmente de ambiente. Esto para algunas personas es a veces difícil de realizar en un corto plazo, pero si realmente es necesario para tener un comportamiento diferente es conveniente planearlo y querer cambiar de ambiente.

Posibilidad de cambiar

Lo que es importante es saber que sí se puede cambiar si es que se quiere cambiar. Para lograr cambios hay que tener confianza en sí mismo y la firme determinación de cambiar. La confianza es el "elixir eterno" que da vida, poder y fuerza para la acción. La confianza en sí mismo o en sí misma es el único antídoto contra el fracaso. En cambio el escepticismo, la duda y la ansiedad son enemigos del progreso y del desarrollo personal.

Nathaniel Branden publicó en 1969 el libro *The Psychology of Self-Esteem* (*La Psicología de la Autoestima*) y en 1994, *The Six Pillars of Self-Esteem* (*Los Seis Pilares de la Autoestima*), en los cuales resalta la importancia de la autoestima en la motivación y en el desarrollo personal. Branden expresa que de acuerdo a su experiencia "La mayoría de las personas subestiman el poder que tienen de cambiar y desarrollar".

Usted debe creer en sí mismo, usted debe creer que sí es capaz de hacer lo que quiere hacer y que sí merece el éxito y la felicidad. Un factor importante para tener confianza en sí mismo es la autoestima. Según estudios realizados en 1990 en Sacramento, California, se llegó a la conclusión que muchas personas, de todas las edades, tienen un bajo concepto de sí mismas, tienen una imagen negativa. Esto lógicamente lleva a la desconfianza, a la duda, al temor, a la incertidumbre y al miedo a tomar decisiones.

La efectividad personal y la autoestima están al alcance de todas las personas que realmente quieran lograrlos. Está en función de que fije en su mente lo que quiere ser. Lo que usted piensa que es, eso es.

A una joven de quince años que preguntó: "¿Cómo me puedo preparar para una vida plena?" se le respondió, entre otras ideas, las siguientes (de *Sopa de Pollo para el Alma* por Virgina Satir, Jack Canfield y Mark Victor Hansen):

> Yo soy yo. En todo el mundo no hay otra exactamente como yo. Soy dueña de mis propias fantasías, de mis sueños, de mis esperanzas y temores. Soy dueña de todos mis triunfos y éxitos, de mis fracasos y equivocaciones. Sé que hay aspectos en mí que desconciertan y otros que no conozco Pero en la medida que soy amistosa conmigo misma puedo con esperanza buscar las respuestas para lo que no entiendo, y de esa manera descubrir más sobre mí. Soy dueña de mí misma y por eso puedo dirigirme. Yo soy yo, y estoy bien.

Para tener confianza es imprescindible que la persona tenga una buena imagen de sí misma, una autoestima o autoimagen favorable. La autoestima de las personas siempre ha existido, pero este término apareció en los libros de psicología y motivación durante los años 1950. El interés sobre la autoestima ha ido aumentando y es así que en 1990, en Oslo, Noruega, se realizó la Primera Conferencia Internacional sobre la Autoestima. En esa reunión psicólogos, psicoterapeutas y educadores de diversos países del mundo analizaron la importancia de la autoestima en el desarrollo integral de las personas.

La autoevaluación que cada persona hace de sí misma repercute directamente en sus pensamientos, sentimientos y acciones. Mediante la evaluación, la persona puede analizarse y puede actuar sobre los puntos débiles y así, al corregir o modificar esos rasgos o características personales, se sentirá mejor y como resultado su imagen y autoestima mejorarán. La autoevaluación es muy importante para el desarrollo personal y para la capacidad de lograr el éxito y la felicidad.

La autoestima no sólo es importante para sentirse mejor, sino que es importante para desarrollarse plenamente, para autorrealizarse, para alcanzar el éxito y la felicidad. Cuando las personas tienen una buena y saludable autoestima, pueden pensar y actuar con racionalidad, realismo, claridad, intuición, creatividad, independencia, flexibilidad, pueden aceptar y adaptarse más fácilmente a los cambios, pueden reconocer y aceptar que cometen errores y son capaces de corregir sus propios errores. Tienen la capacidad de actuar en cooperación con otras personas y pueden comunicarse fácilmente con otros. Las personas con saludable autoestima tratan a las otras personas con respeto, benevolencia, generosidad y justicia.

También es cierto que las personas que, por cualquier circunstancia, tengan una baja autoestima son más propensas a actuar con irracionalidad, rigidez, inflexibilidad, con ceguera hacia la realidad y a tener miedo o desconfianza a todo lo que es nuevo o desconocido. Tienen una conformidad exagerada al medio o a las circunstancias de la vida, no se pueden adaptar a los cambios o son reacias a éstos, tienen una cierta tendencia a ser "rebeldes sin causa", actúan casi siempre defensivamente y tienden a desconfiar de las otras personas lo que les hace difícil poder trabajar en equipo en forma productiva y hacia un bien común. Las personas con baja autoestima están esperando encontrar indiferencia, crítica, rechazo, humillación y traición.

Para tener una saludable autoestima debemos tener confianza en nosotros mismos, en nuestras capacidades, en nuestras habilidades, en nuestros talentos, en nuestra energía interna, en ese poder extraordinario que todos tenemos dentro de nosotros mismos.

Hay que tener confianza en sí mismo o en sí misma para que nuestra actitud sea favorable al cambio que deseamos hacer para lograr la felicidad y el éxito en nuestro paso por este maravilloso mundo.

La importancia de la fe

Tener fe es creer en algo aun cuando no se puede demostrar. Tener fe es creer en Dios, es tener confianza en otra persona, en uno mismo o en una misma, en una idea, en algo aun cuando no hayan evidencias lógicas o materiales. Con fe podemos confiar en los extraordinarios poderes del espíritu para poder vivir una vida llena de esperanza, entusiasmo, imaginación, creatividad, amor y coraje para disfrutar de la vida.

Las personas que tienen fe en sus propias habilidades logran más que aquellos que no se tienen confianza. Los que tienen más fe tienen más fuerza anímica.

La fe es la facultad de la mente que encuentra su más alta expresión en la actitud religiosa. Usado en ese contexto, tener fe es creer en Dios o en una doctrina religiosa.

Considero que es importante creer en Dios. En mi vida he tenido relaciones de amistad, algunas muy fuertes y que se mantienen vigentes a pesar de largos años transcurridos y de encontrarnos en lugares muy distintos y lejanos, con personas que profesan una religión diferente a la mía. Cuando hay auténtica fe en un Dios Supremo, hay bondad, amor, tolerancia, justicia, respeto, integridad y una serie de valores que hacen más fácil la convivencia pacífica y la verdadera amistad entre seres humanos.

Benjamín Franklin, en su autobiografía, habla sobre la religión de la siguiente manera: "Yo nunca he estado sin algunos principios religiosos. Yo nunca he dudado de la existencia de una Divinidad; que ha hecho el mundo; que el servicio de Dios ha sido de hacer bien al hombre; que nuestras almas son inmortales; que todo crimen debe ser castigado y la virtud premiada, ya sea aquí o más allá. Esto estimo es lo esencial de toda religión; y que deben encontrarse en todas las religiones que tenemos en nuestro país".

Así como tenemos que desarrollar nuestra confianza, debemos tener fe. La fe es una virtud que hay que cultivar. "Tener fe es tener la plena seguridad de recibir lo que se espera; es estar convencidos de la realidad de las cosas que no vemos" (Hebreos 11:1).

Con fe se pueden mover montañas. "Les aseguro que si tuvieran fe, aunque sólo fuera del tamaño de una semilla de mostaza, le dirían a ese cerro: quítate de aquí y vete a otro lugar y el cerro se quitaría. Nada les sería imposible" (San Mateo 17:20).

También es cierto es que muchas veces ante circunstancias adversas o ante resultados no esperados, nos invade una cierta duda y nuestra fe se tambalea y flaquea. En realidad somos personas de poca fe y por eso dudamos. Podemos preguntarnos: ¿realmente, con fe podemos mover las montañas? Cuando tenemos dudas empezamos a vacilar, empezamos a dudar de nuestra capacidad. No hay que dudar. Hay que tener fe. Para mantener la fe debemos ejercitarnos y orar. La fuerza de la oración es tremenda.

La Madre Teresa tenía una expresión muy hermosa a este respecto cuando decía: "La Madre Teresa sola no puede, pero con Dios todo lo puede".

La fe y la confianza: hay que ejercitarlas. Debe ser parte integral de nuestra manera de ser. Debemos tener confianza, debemos creer que sí es posible lograr lo que nos propondremos. Nadie está realmente preparado para recibir la riqueza hasta que no llegue a creer que puede adquirirla y que la está adquiriendo. El estado de la mente debe ser de fe, no mera esperanza o voluntarioso deseo o sólo un simple pensamiento.

Norman Vincent Peale, en su libro *Why Some Positive Thinkers Get Powerful Results* (*Por Qué Algunos Pensadores Positivos Obtienen Muy Buenos Resultados*) expresa: "¡Si usted *puede* sólo creer! ¡Si usted quiere sólo creer! ¡Luego, nada, *nada*, será imposible para usted!".

Un ejemplo para demostrar el extraordinario poder de la lfe o encontramos en Gandhi, llamado el Mahatma, patriota y filósofo indio que fundó su acción en el principio de la noviolencia, que esgrimió la extraordinaria fuerza del espíritu para lograr la independencia de su patria. Gandhi, sin poseer dinero, ni armas, ni hogar, casi desnudo, con simplicidad, con amor, generosidad, autocontrol y mediante la fe, logró influir en la mente de doscientos millones de hindúes que se unieron y formaron una sola gran idea. Gandhi expresaba que la fuerza más poderosa es la del alma. Con la fuerza de su espíritu, Gandhi logró la independencia de la India en 1947.

Otro ejemplo sobre el valor de la fe es el caso de Nelson Mandela, quien estuvo preso veintiocho años (1962-1990) en Africa del Sur por luchar contra el terrible e inhumano apartheid. Pese a lo que hicieron sus opresores no pudieron disminuir la fe que Nelson Mandela tenía en sus ideales de libertad y de igualdad para todos, blancos y negros. Con fe Nelson Mandela resistió y mantuvo sus ideales pese a largos años de cautiverio. Algo que también es necesario resaltar es que en su primer discurso después de salir de prisión, el 11 de febrero de 1990, Nelson Mandela habló sin rencor ni odio hacia los que le privaron de su libertad y le mantuvieron cautivo.

Por el contrario, habló con un espíritu de nobleza y de magnanimidad digno de un hombre extraordinario con fe. Después de salir libre, logró otra extraordinaria hazaña. El 27 de abril de 1994, Mandela logró realizar su sueño al terminar el *apartheid* en su país y, pocos días después, en las primeras elecciones libres en su país, salió elegido por inmensa mayoría para gobernar Africa del Sur. Hace sólo algunos años, esto parecía imposible, algo que nunca podría suceder.

El 2 de junio de 1995, el avión del capitán Scott O'Grady, de la Fuerza Aérea de los EE UU, fue derribado cuando sobrevolaba Bosnia. Durante seis días, solo y alimentándose únicamente con hiervas e insectos, logró sobrevivir hasta que fue rescatado. El capitán O'Grady, en su libro *Return With Honor* (*Regresar con Honor*), indica: "Las tres cosas más importantes en este mundo son: fe en Dios, la fuente de toda bondad; amor a su familia y amigos, que también es fe en su máxima expresión; y buena salud, que es la base para la fe y el amor".

Otra ejemplar demostración del gran valor de la fe es el que tuvo durante toda su vida la Madre Teresa. Agnes Gonxha Bojaxhiu nació el 26 de agosto de 1910 en Skopje, Albania, y en 1949 adoptó la nacionalidad india para poder servir mejor. La Madre Teresa, una mujer pequeña en estatura física, con una salud frágil en su juventud, se convirtió, debido a su fe, en un verdadero gigante físico y espiritual. Durante toda su vida se dedicó a las personas más necesitadas del mundo, "a los más pobres de los pobres". En 1979 recibió el Premio Nóbel de la Paz. Logró mediante su acción recibir millones de dólares, pero toda su vida la vivió de forma muy simple. Siendo católica, su amor por los demás ayudó a todos sin distinción de religión o credo. En septiembre de 1997, el día de su funeral en Calcuta, India, estuvo rodeada de reyes, príncipes, jefes de estado, prominentes figuras políticas del mundo, así como por hindúes, musulmanes y marxistas. Su humildad, su amor por los más pobres y su fortaleza moral le permitió estar con los más ricos y poderosos así como los más pobres, desheredados y anónimos del mundo. Pocas semanas después de su muerte ya se hablaba de su posible canonización y santidad, algo sin precedentes dentro de la religión católica, un gran ejemplo del valor de la fe.

¿Qué otra fuerza en la tierra, excepto la fe, podría realizar semejantes hazañas? Con fe usted será capaz de logros insospechados. Tenga fe. Tenga confianza en usted mismo o en usted misma. Tenga confianza en sus capacidades. Piense siempre en sus habilidades y no en sus defectos. Usted puede si cree que puede.

Thomas A. Edison, físico norteamericano y prolífico inventor, tenía fe y creía que podía perfeccionar la lámpara incandescente y lo logró después de intentar e intentar miles de veces. Sólo mediante la fuerza de la fe logró encontrar el secreto que estaba buscando.

Cristóbal Colón, célebre navegante, creía que la tierra era redonda y, pese a la incredulidad de reyes y marineros, logró probar que lo que él creía era la verdad. Su fe le premió con el descubrimiento de un nuevo continente.

En otra actividad totalmente distinta a las anteriores también hay ejemplos del valor de la fe. El caso digno de ser conocido es el del campeón mundial de boxeo de los pesos pesados, Evander Holyfield. En las Olimpiadas de 1984 ganó una medalla de bronce pese a ser descalificado, caso único en la historia de este deporte ya que pese a ir ganando en forma abrumadora fue descalificado por el árbitro y no pudo competir por la medalla de oro.

Desde las etapas de calificación para el equipo olímpico de los Estados Unidos, Evander Holyfield tuvo que superar una serie de etapas difíciles, pero él siempre tuvo una gran fe en

Dios. El se preparaba intensamente, física y espiritualmente, para todas sus peleas y, antes de salir al ring de boxeo, oraba y tenía fe que Dios estaba con él. El 9 de noviembre de 1996, después de su extraordinaria pelea con Myke Tyson, Evander Holyfield, al ganar el título de campeón mundial por tercera vez, agradeció a Dios por su ayuda. Evander Holyfield ha ganado muchas peleas y él sabía que tenía siempre más fuerza espiritual que su oponente quizás con la única excepción de George Foreman, quien es Pastor de una iglesia cristiana y que también tiene fe en Dios.

Puede si cree que puede

El pensamiento que usted debe tener siempre para reforzar su confianza en sí mismo es: "Yo puedo" y "Yo podré". "Yo puedo" y "Yo podré" deberán formar parte de su actitud mental para alcanzar el éxito y la felicidad. Para facilitar el camino y estar atento a las numerosas oportunidades que se le presentarán, usted debe tener confianza total en sí mismo. Usted debe tener confianza total en que sí podrá lograr todo lo que se proponga. Es lógico que tendrá más confianza cuanto más se prepare y acondicione su actitud mental. Si usted lo puede pensar, lo puede soñar y lo puede lograr.

Lo que piensa hoy determinará lo que será y hará mañana. Usted es y será lo que son sus pensamientos, lo que son sus ideas. Las ideas y los pensamientos son el verdadero alimento de nuestro espíritu, del mismo modo que el pan es el alimento natural del cuerpo. Para tener un espíritu sano y robusto debemos tener ideas claras y pensamientos positivos.

Lo que la persona piensa en su corazón, eso es.

Hay que pensar en grande para ser grande. Una persona mediocre está hecha de pensamientos pequeños, de pensamientos mediocres. La persona es lo que piensa que es. Por eso piense siempre en grande, piense con ideas positivas llenas de optimismo. Recuerde que en el mundo existe una ley de atracción. Por eso es que los pensamientos positivos atraen a pensamientos positivos y, también, los pensamientos negativos atraen a pensamientos negativos.

El poema del célebre cirujano sudafricano Christian Barnard, quien en 1967 hiciera el primer trasplante del corazón, es hermoso y es conveniente tenerlo a mano para leerlo frecuentemente:

Si piensas que estás vencido, lo estás.
Si piensas que no te atreves, no lo haces.
Si piensas que perderás, ya has perdido.
Porque en el mundo encontrarás que el
éxito comienza con la voluntad del hombre.
Todo está en el estado mental, porque
muchas carreras se han perdido antes de
haberse corrido y muchos cobardes han
fracasado antes de haber su trabajo empezado.
Piensa en grande y tus hechos crecerán.
Piensa en pequeño y quedarás atrás.
Piensa que puedes y podrás.
Todo está en el estado mental.
Tienes que estar seguro de ti mismo
antes que puedas ganar un premio.
La batalla de la vida no siempre va
al hombre más fuerte o al más hábil,
pero tarde o temprano el hombre que
gana, es aquel que cree poder.

Piense que "Sí puede". Piense "Yo estoy bien", y "Soy un ganador". Su actitud es importante para lograr lo que quiere.

Recuerde que usted y sólo usted tiene el poder y el control sobre sus pensamientos. Nadie puede hacerle pensar algo que usted no quiere pensar. Como lo expresó Napoleon Hill, uno de los pioneros norteamericanos de la motivación y el autodesarrollo: "Que para pensar en grande, en abundancia y prosperidad no se requiere efectuar mayor esfuerzo que para pensar en pobreza y en miseria".

Hay un poema corto, de Napoleon Hill, que es conveniente también tenerlo presente.

> Tendrás que "pensar" alto para prosperar,
> y tendrás que "estar seguro de ti" antes
> de que logres un premio ganar.
> Las batallas de la vida no se ganan por el
> hombre más rápido o más fuerte, sino que
> más pronto o más tarde el hombre que gana
> es aquel "que piensa ganar".

Todo éxito, grande o pequeño, empieza con la confianza en sí mismo, con la fe, con la confianza en sus fuerzas interiores, en la fuerza de su mente que lo llevará a donde usted quiera ir y adonde quiera llegar. Nuestros pensamientos son los que nos hacen lo que somos. Nuestra actitud mental es la que determina nuestro destino.

Usted es lo que son sus pensamientos

Si tenemos pensamientos de alegría, estaremos alegres. Si tenemos pensamientos felices, seremos felices. Si tenemos pensamientos temerosos, tendremos miedo. Si tenemos pensamientos pequeños, seremos pequeños. Si pensamos en el fracaso, seguramente fracasaremos. Si pensamos en enfermedad nos enfermaremos. Si pensamos que vamos a triunfar, triunfaremos. Si pensamos en el éxito, tendremos éxito. "Lo que el hombre o la mujer piense y sienta en su corazón, así es".

Si elegimos correctamente nuestros pensamientos, seremos capaces de dar solución favorable a todos nuestros problemas. Marco Aurelio, filósofo y emperador romano, en sus *Meditaciones*, dijo: "Nuestras vidas son la obra de nuestros pensamientos".

Siddharta Gotama, Buda, "el Sabio", fundador del budismo, expresa: "Lo que somos hoy es el resultado de nuestros pensamientos de ayer y nuestros pensamientos actuales construyen nuestra vida de mañana. Nuestra vida es la creación de nuestra mente".

Las personas pueden tener éxito sólo si tienen pensamientos elevados, pensamientos positivos, pensamientos de éxito. Todo lo que se consigue es el fruto de nuestros pensamientos.

A continuación hay un credo para fortalecer la confianza en sí mismo y para convencerse que sí se puede lograr todo lo que se desea si se cree que se puede. ¡Puede, si cree que puede!

Yo creo en mí, en mis habilidades, en mi talento.
Yo creo en mis amigos, en mi familia,
en las personas que trabajan conmigo.
Yo creo que Dios me dará todo lo que necesito
para tener éxito en la vida si es que obro bien
y hago siempre lo mejor.
Yo creo en la oración y todos los días
elevaré mi oración al Todopoderoso para agradecer
el don de la vida que me da todos los días.
Yo creo que el éxito es el resultado de un
trabajo perseverante y con fines buenos y nobles.
Yo creo que obtendré de la vida exactamente
lo que yo ponga en ella.
Yo cosecharé en la vida lo que yo siembro.
Yo haré mi trabajo de la mejor forma posible.

Yo desarrollaré al máximo mis talentos y habilidades.
Yo sé que el éxito se logra pensando que
sí es posible lograr lo que yo piense y
por eso tendré pensamientos buenos y positivos.

La fe es una fuerza que mueve montañas. Con fe se pueden convertir los sueños en realidad. Sin fe se experimenta un vacío, un miedo y la vida misma carece de sentido. La fe es positiva, enriquece la vida y abre las puertas de la felicidad y del éxito. La fe está en nuestro corazón y en nuestro espíritu, está en nosotros mismos, de ahí su gran importancia.

Recuerden siempre el Evangelio de San Mateo 17:20: "Les aseguro que si tuvieran fe, aunque sólo fuera del tamaño de una semilla de mostaza. Nada les sería imposible".

Tenga fe y todo será posible. La fe es la fuente del valor y fortaleza del espíritu. Cuando se tiene fe y confianza en sí mismo o en sí misma su subconsciente le ayudará a convertir sus sueños en realidad.

Como la mente no puede diferenciar lo real de lo que uno se imagina vívidamente, la fe adquiere enorme importancia en el logro de las metas. La fe es un estado de la mente.

Con fe usted puede lograr todo.

4

No tenga miedo nunca

El primer deber de todo hombre es el de dominar el miedo.

Thomas Carlyle

El enemigo número uno de la felicidad y el éxito es el miedo: miedo a lo desconocido, miedo al cambio, miedo a equivocarse, miedo a la derrota, miedo a perder el trabajo, miedo a la pobreza, miedo a la crítica, miedo a una mala salud, miedo a dejar de ser amado, miedo a la soledad, miedo a la vejez, miedo a la muerte, miedo a lo que otras personas puedan pensar, miedo al qué dirán, miedo a hacer el ridículo, miedo al fracaso, miedo al futuro, miedo a perder algo importante, miedo obsesivo a un ser superior, miedo a fantasmas, miedo al éxito, miedo a la felicidad. Estos y todos los demás tipos de miedo afectan nuestra manera de pensar y de actuar imposibilitándonos de lograr algo superior en la vida.

Usted tiene tres enemigos que hay que suprimir lo más rápido posible: la indecisión, la duda y el miedo. La indecisión es la semilla del miedo. La indecisión se cristaliza en la duda y estos factores mezclados se convierten en miedo.

Ralph Waldo Emerson lo indicó admirablemente: "La mayoría de las personas fracasan debido al miedo al fracaso, antes que por el fracaso en sí".

Muchas personas no logran el éxito porque tienen miedo a fracasar y por lo tanto no hacen esfuerzo alguno por tener éxito. El éxito o el fracaso pueden convertirse en un hábito.

El miedo puede ser destructivo. Puede destruir vidas y puede hacer muy difícil nuestras relaciones personales. El miedo puede paralizar el espíritu interior e impedir que la motivación tenga sus efectos beneficiosos para lograr algo mejor.

A partir del momento en que usted tiene miedo por algo, su mente se paraliza, el pesimismo se apodera de usted y no le permite observar la realidad. El miedo impide la función creativa y una persona con miedo es incapaz de resolver sus problemas y aún los problemas pueden aumentar. El miedo es sólo un estado mental.

El miedo a la pobreza, el miedo a perder el trabajo, el miedo a la crítica de los demás, el miedo a ser rechazado o cualquier tipo de miedo es suficiente, uno de ellos solamente, para destruir las oportunidades que las personas tienen de obtener algo.

El miedo paraliza la facultad de razonar, destruye la capacidad de imaginación, imposibilita la capacidad creadora, mina la confianza en sí mismo, destruye la autoestima, socava el entusiasmo, perjudica la iniciativa.

El miedo distrae la concentración de esfuerzos y convierte en nada la fuerza de la voluntad, nubla la memoria e invita al fracaso. El miedo paraliza e impide actuar para lograr algo.

El miedo es enemigo de la felicidad. Puede hacernos desconfiados, egoístas, inseguros e inclusive puede hacer que nos sintamos débiles y sin voluntad.

Franklin Delano Roosevelt, la única persona que ha sido elegida cuatro veces a la presidencia de los Estados Unidos, en su primer discurso inaugural como presidente en 1932, en uno de los períodos más críticos de su historia, expresó: "Tengo la firme creencia que la única cosa a la que debemos tener miedo, es al miedo mismo". Y en el año 1941, en su informe a la nación, Franklin Delano Roosevelt, cuando hablaba de las cuatro libertades esenciales del ser humano expresó: "La cuarta libertad es la libertad del miedo".

¿Qué es el miedo realmente? ¿Se puede vencer el miedo? Sí, el miedo se puede vencer. Para vencerlo debemos conocer algo más sobre el miedo. Hay varias formas de miedo.

Miedo, de acuerdo a la definición en el diccionario, es un sentimiento de inquietud causado por un peligro real o imaginario.

Ansiedad es el temor aplastante y extremo que puede paralizarnos y esconder nuestra habilidad de actuar, tomar decisiones o realizar algo.

Pánico es una ansiedad súbita, severa e irresistible que a menudo va acompañada de mareos, palpitaciones y sentimientos de muerte.

Fobia es el temor irracional a un objeto, persona, acto o situación. Algunas personas tienen miedo de viajar en avión o en barco o salir de su casa, y otras no pueden entrar a un ascensor o caminar en lugares públicos.

Las causas del miedo son muy variadas. Una de ellas es cuando no se tiene una meta definida o cuando no se encuentra sentido a la vida y por esa razón la persona está desorientada, sin rumbo y es cuando puede tener miedos irracionales. Si la persona no puede dominarse tendrá energía negativa que le atacará poco a poco sus órganos vitales. La persona se alterará, sentirá angustia y no entenderá lo que le está pasando. Las personas tendrán un vacío espiritual y por lo tanto serán poco creativas y deambularán por la vida sin saber adónde ir y estarán llenas de temores.

Otra de las causas es la educación negativa que se ha podido tener desde la época de la infancia, niñez, adolescencia o juventud. Es muy posible que un individuo que crece en una familia que vive en la ansiedad y con temores tenga esos mismos temores. La educación en el hogar es muy importante para el bienestar de una persona.

El miedo, al ser una reacción animal ante un peligro, no es malo de por sí. Es dañino cuando ese miedo se convierte en algo irracional. En este caso la persona pierde la medida de la magnitud de la causa real y se puede convertir en una obsesión. Los miedos irracionales perturban y se pueden convertir en fobias. Los miedos deforman la realidad cuando se convierten en irracionales y pueden causar desequilibrios e impedir el desarrollo.

Hay diferentes miedos. Mencionaremos algunos para conocerlos mejor y así poder superarlos y vencerlos en nuestro camino para encontrar el éxito y la felicidad.

Miedo a la crítica o al qué dirán

El miedo a la crítica, al qué dirán o a hacer el ridículo, es uno de los miedos más comunes que muchas personas tienen desde la niñez. Este miedo tiene su base en la opinión que los demás tienen sobre su persona. Este miedo se relaciona directamente con la autoimagen. La persona que tiene miedo a la crítica se convierte en un esclavo de lo que las otras personas puedan pensar o decir.

Este miedo, según estudios realizados, se genera en los primeros años de vida cuando, ante las preguntas llenas de curiosidad e ingenuidad infantil, los adultos responden de manera tal que hacen sentir a los niños que sus preguntas son tontas, estúpidas, sin sentido y que con esas preguntas están haciendo perder el tiempo. Como consecuencia de esta actitud, se va generando en los niños una disminución de su confianza en sí mismos porque la autoimagen que tienen se va deteriorando.

Parece que una de las cosas que más resiente el ser humano es la crítica, porque afecta directamente la imagen que la persona tiene de sí misma. No queremos ser criticados y, por eso, muchas veces actuamos no con base a lo que realmente pensamos o queremos sino en función a lo que otras personas puedan pensar y decir. Generalmente esto se debe a que la persona tiene una autoimagen baja. Al actuar así estamos dejándonos influir negativamente por este tipo de miedo.

¿Cuántas veces en la escuela, en la universidad, en el trabajo o en una reunión, hemos preferido quedarnos callados y no hacer una pregunta por el temor a recibir una posible crítica? Con respecto al hecho de recibir una crítica, la única forma de nunca recibir críticas es no hacer nada ni decir nada. Pero esta situación nos lleva a ser timoratos y nunca podremos lograr algo por nosotros mismos si tenemos el temor a ser criticados. El no hacer nada es mucho más nefasto que una crítica.

Para combatir este tipo de miedo, desarrolle su autoimagen de la manera más positiva posible. Cuanto más positiva sea su autoimagen, no dependerá de la opinión de otras personas y será más independiente y actuará con autonomía. Elimine esa tendencia esclavizante de estar pendiente de la opinión de los demás.

Si usted está en la verdad, actúe con base a sus convicciones sin temor a las críticas de las otras personas. Usted es único, tiene sus propios valores y cualidades y, por lo tanto, debe actuar independientemente de la opinión ajena. Acepte las críticas constructivas, escuche con atención y construya una autoimagen positiva, llena de esperanza y confianza.

Miedo al fracaso

El miedo al fracaso es otro de los miedos que pueden llegar a convertirse en angustia y producir un desequilibrio emocional si no se controla y se domina. Hay que ser realista y pensar que, en la vida, cuando se está haciendo un proyecto o se está trabajando en algo o se está esforzando para alcanzar una meta, no necesariamente todo va a salir perfectamente bien y sin ningún problema. En la vida hay éxitos y fracasos.

A veces, y posiblemente muchas veces, podemos obtener resultados negativos, tener tropiezos y fracasar. Esta es una posibilidad real y debemos ser conscientes de ello. Si no aceptamos esta posibilidad, podemos convertirnos en seres mediocres al preferir no hacer algo por no fracasar o por el temor a fracasar. Si no estamos preparados mentalmente para un posible fracaso, cualquier cosa negativa que ocurra se puede convertir en una verdadera tragedia lo que nos impedirá continuar progresando.

El fracaso que podamos encontrar en nuestro camino debe ser tomado solamente como una lección por aprender para no hacer lo mismo en el futuro. En caso de tener un fracaso hay que aceptarlo con serenidad, tranquilidad e inmediatamente analizar cómo se puede continuar, pese a ese mal resultado, hasta lograr el éxito que queremos.

Los éxitos parciales que se vayan consiguiendo servirán de estímulo para continuar y el fracaso debe servir sólo como una lección.

Un paso muy importante para vencer el miedo al fracaso es cuando usted esté haciendo algo, hágalo sin pensar demasiado. Una vez que usted esté en plena acción, se olvidará del miedo. Poco a poco descubrirá que gran parte de ese miedo inicial era irracional y, al descubrirlo, usted tendrá más confianza en sus propias habilidades y el miedo a fracasar irá desvaneciéndose hasta desaparecer por completo.

El tener grandes objetivos o metas pueden crear un cierto miedo al fracaso, pero la ausencia de objetivos o metas garantiza el fracaso total.

Las personas de éxito no tienen miedo a fracasar. No es posible ser un triunfador y al mismo tiempo tener miedo a perder.

Miedo al rechazo

El miedo a ser rechazado produce un bloqueo en la afectividad de la persona y hace que esa persona se repliegue sobre sí misma y trate de evitar el contacto social. Este miedo, en la mayoría de las veces, se origina desde temprana edad.

Cuando los padres no pueden dedicar el tiempo suficiente a sus hijos para nutrirlos de amor, confianza y estímulo, esos niños, al sentir ese abandono de sus padres, van desarrollando un sentimiento de poca estima personal y se les va creando un complejo.

Este miedo al rechazo también se puede cultivar en el ambiente escolar cuando el joven recibe la burla de sus compañeros por tener un cierto defecto físico o algún problema de ajuste mental. Esto se acrecienta aún más si es que el maestro admite la situación.

En la adolescencia, ese sentimiento de rechazo se puede cultivar como consecuencia de un desengaño amoroso o por alguna desilusión que pueden causar algún trauma de orden afectivo.

Cuando una persona ha sido muy afectada por estímulos negativos en su niñez, adolescencia o juventud y ha tenido desilusiones, posiblemente va a sentir un miedo profundo a ser rechazada y puede tener angustia cada vez que deba interactuar con otros seres humanos. Al tener ese miedo no tendrá espontaneidad y tendrá dificultad para comunicarse con las demás personas.

Aquí se produce un fenómeno muy curioso pero muy dañino. Al sentir ese miedo su accionar no será favorable hacia los demás, ya que todo lo hará con mucha cautela y desconfianza, lo que a su vez creará más rechazo de los que tienen contacto con esa persona, produciéndose un círculo vicioso.

Muchas veces, lo que es una simple mirada puede ser interpretada como una mirada mal intencionada o de desprecio y se puede confundir un tono de voz un poco subido como una tremenda ofensa y algún gesto un tanto brusco como un desafío o una humillación.

Las personas que tienen miedo al rechazo se vuelven muy sensibles y están siempre a la defensiva. Para combatir este miedo hay que tener una autoimagen positiva. Piense que el que puede tener problemas no es usted sino la otra persona. No permita que las cosas o manifestaciones externas le afecten. Afiance su personalidad, fortalezca su confianza en usted mismo.

No tema a nadie. Llénese de amor y comprensión. Acepte a las demás personas como son. Piense que esas personas también pueden tener miedo al rechazo. La clave es dar un amor incondicional.

Miedo al futuro

Otro de los miedos comunes es el miedo al futuro y la persona que lo tiene se paraliza por lo que le pueda pasar en los días venideros. Este es un miedo a la incertidumbre, a lo desconocido y por lo tanto las personas que lo tienen están pensando en todo lo malo que les pueda pasar. Miedo a enfermarse, miedo a perder el trabajo, miedo a perder a un ser querido, etc., etc., y esto les ocasiona gran angustia por todas las desgracias posibles por venir. Cuando se tiene este miedo al futuro, lo que en realidad se está haciendo es olvidando y desperdiciando el presente.

El presente es lo que realmente se tiene y sobre el cual se puede actuar. Es en el presente donde usted puede obtener felicidad. El presente es lo único que tiene con toda seguridad. Saque el mayor provecho al ahora, actuando con toda su energía y capacidad y al mismo tiempo sembrando semillas positivas que le brindarán un buen fruto en el futuro.

Al actuar sobre el presente, usted se convierte en un protagonista activo y al actuar sobre el hoy su futuro será mejor. La persona que tiene miedo al futuro se convierte en un simple espectador en espera de todo lo malo que le pueda pasar. No sea un simple espectador, actúe en forma decidida en todo lo que puede hacer hoy, al máximo de sus habilidades, para que usted logre que todos sus sueños se conviertan en realidad.

Miedo al éxito

Aunque parezca paradójico, hay muchas personas que tienen miedo al éxito. Son aquellas que huyen de mayores responsabilidades y no quieren escalar en la vida. Son personas que tienen muchas cualidades pero que no las usan ni luchan por desarrollarse, superarse y crecer.

Las personas que tienen temor al éxito, generalmente lo experimentan por que no quieren subir muy alto por el temor a caer. Saben que cuanto más suban más tendrán que luchar y esforzarse para mantenerse en ese nivel. Prefieren seguir en puestos secundarios o mediocres y no usar el talento y las habilidades que Dios les ha dado. Recuerde que Dios no nos ha creado para que seamos mediocres. Muy por el contrario, debemos desarrollarnos lo más que sea posible para poder influir en nuestro medio.

Trate de usar al máximo su potencial; siempre intente llegar lo más arriba posible para lograr una auténtica autorrealización personal en todas las áreas de la vida. Recuerde que no se trata de competir con otras personas sino con usted mismo.

Usted es capaz de lograr el éxito y la felicidad si es que se lo propone y actúa para conseguirlos. Deje de lado el temor al éxito ya que es paralizante y conlleva a la inacción. Cuando logre éxito, sentirá una inmensa satisfacción espiritual. Vale la pena lograr el éxito y la felicidad.

Miedo al riesgo

El miedo al riesgo es uno de los miedos que limitan enormemente la posibilidad de accionar. Hay que tener el coraje de enfrentar el riesgo. Tratar algo o tratar de hacer algo implica siempre el riesgo de fracasar. Pero no tratar algo significa no hacer algo y no hacer nada, implica no tener y no ser. Cuando usted no hace nada usted evita fracasar pero también evita tener éxito. Casi todo lo que hacemos en la vida implica cierto riesgo. Así:

- Montar bicicleta implica el riesgo de caerse.
- Manejar un vehículo implica el riesgo de tener un choque.
- Nadar implica el riesgo de ahogarse.
- Hablar implica el riesgo de no ser escuchado.
- Amar implica el riesgo de no ser correspondido.
- Ingresar a la universidad implica el riesgo de ser desaprobado.
- Solicitar un trabajo implica el riesgo de no ser aceptado.
- Trabajar implica el riesgo de no hacerlo bien.

aso voy dejando hondas heridas.
 a quien el hombre acoge,
menta, lo acaricia, lo escucha,
ombre defiende contra los
nsejos.
 la que domina,
recer de la razón la llama
 mas que una sombra,
 brazos, un capricho.
ruel, el más amargo
ombre y sin embargo
ranquear la puerta si
era el valor de negármelo.

miedo

 está con miedo no sólo destruye sus
hacer algo en forma inteligente, sino que
 sus vibraciones negativas a las mentes
 quienes toma contacto, influyendo en
uyendo también las oportunidades de

que incluso los animales pueden percibir
 tiene miedo; los animales perciben las vi-
 una persona con miedo. Este fenómeno
 al ver las reacciones de caballos y perros.
itación, en muchos de los casos, cuando
tar un obstáculo es porque a veces el jine-
miedo y ha transmitido ese miedo al ani-
algún tipo de vibración. En los caballos se
do son montados por aprendices, cuan-
 persona que monta a caballo, más fácil-
o consecuencia de algún movimiento
caballo percibe el miedo del jinete.

- Tener esper
  desesperaci
- Soñar impl
- Ascender i

Es evidente,
mos en la vida
dente que sól
en la vida.

Todo lo qu
to riesgo. Si t
go, debemos
confianza y

Para tene
guir tratan
hay que arr

Henry Fo
que una p
es encontr
día hacer"

El dios

Hay un
dad lo q
vencerlo

El gr
Yo s
la he
Yo s
y el
yo
No
no

fiero y a mi
Soy el traido
lo atrae, lo a
y a quien el
más sabios c
Es mi presió
capaz de osc
aunque no so
un espectro s
Soy el más el
enemigo del h
yo no podría
tan solo él tuv

Percepción de

Una persona qu
oportunidades de
también transmit
de las personas c
ellas y hasta dest
esas personas.

Se sabe también
cuando una person
braciones que emit
se aprecia fácilment
Por ejemplo, en eq
un caballo rehusa sa
te ha sentido algo de
mal noble mediante
aprecia también cua
to más miedo tenga
mente se caerá con
brusco del caballo. El

En cuanto a la percepción de los perros, relato una experiencia sumamente interesante vivida, hace más de treinta años, por mis grandes amigos el Dr. Guillermo Pérez y Oscar Más, Gerente Administrativo de una importante empresa de servicios en la industria de petróleo. Ellos, durante unas vacaciones cuando eran estudiantes universitarios, estaban acampando en un terreno baldío cerca de un río. En una noche, con la luz de una luna muy tenue, aparecieron dos enormes perros que ladrando fuertemente y se lanzaron ferozmente sobre mis amigos. La primera reacción de ellos fue de miedo, de temor, casi de pánico y se metieron dentro de la carpa para protegerse de esos feroces canes.

Los perros ladraban fuertemente y seguían atacando con gran ferocidad y estaban a punto de derribar la pequeña carpa. Guillermo Pérez y Oscar Más, después de los primeros minutos de sorpresa en los cuales el miedo los dominó, lograron sobreponerse a su miedo inicial y decidieron defender sus vidas peleando con los animales. No tenían muchas cosas como para salir a pelear o a defenderse. A la mano sólo disponían de un martillo y de un cuchillo. Guillermo con el cuchillo y Oscar con el martillo salieron de la carpa con valor y resueltos a defenderse de los feroces perros que continuaban ladrando y atacando.

Tan pronto ellos salieron de la carpa decididos a todo, los perros casi de inmediato retrocedieron unos metros. Para evitar que los perros atacaran y aprovecharan el impulso de un salto, ellos avanzaron decididamente, ya sin ningún temor y gritando hacia sus atacantes. Cuál no sería su sorpresa al ver a los perros que casi instantáneamente dejaron de ladrar, dieron media vuelta y se alejaron con el rabo entre las patas.

¿Qué pasó? ¿A qué se debió el cambio de comportamiento de los animales? Que no quepa la menor duda que se debió a las vibraciones que transmitieron Guillermo y Oscar y que fueron percibidas por esos dos perros. Cuando los perros percibieron el temor, el miedo y el casi pánico atacaron y cuando los perros percibieron la firme resolución de defensa y ataque de Guillermo y Oscar huyeron.

Usted ahora sabe que las vibraciones de miedo o de valor pueden ser transmitidas con suma facilidad y pueden ser percibidas por otros; también que la persona que transmite pensamientos negativos recibirá, con toda seguridad, también estímulos negativos. Y la persona que transmite pensamientos positivos recibirá igualmente pensamientos positivos.

Hay que dominar el miedo

De ahí que sea de vital importancia dominar el miedo, que es la reacción animal ante el peligro. El miedo es una emoción humana normal. Es prácticamente normal tener una reacción de cierto temor o miedo ante un peligro o ante una situación inesperada o desconocida. La tensión nerviosa que se tiene antes de dar un examen, ir a una entrevista de trabajo, o antes de hablar en público es una reacción normal ante algo que es importante.

Lo que sí es vital es que hay que dominar esa reacción lo antes posible. Hay que enfrentarse al miedo con determinación, cualquiera que sea su tamaño o dimensión, lógico o aparentemente ilógico, racional o irracional, repentino o de muchos años. Debemos encontrar el valor para enfrentarlo con calma, firmeza y decisión.

En cuanto se domina ese temor las ideas vuelven a estar claras en la mente para poder actuar de la mejor manera posible.

Ralph Waldo Emerson expresa: "Haga las cosas sobre las cuales tiene miedo y la muerte del miedo es segura".

Dale Carnegie, pionero del desarrollo de la personalidad, dijo: "Haga las cosas sobre las cuales tiene miedo y continúe haciéndolas... es la forma más rápida y segura que ha sido descubierta para conquistar al miedo".

Si usted tiene miedo a algo, siéntalo, pero utilice ese miedo como una energía motivadora para sobreponerse al miedo y vencerlo.

Es bueno ejercitarse para conscientemente dominar el miedo que se tiene a algo. Empiece por hacer algo que usted tiene miedo de hacer. Trate, concéntrese y esté convencido de que *sí puede*. Tenga confianza en sí mismo o en sí misma. No tema lo desconocido. El temor a lo desconocido es lo que impide, muchas veces, que una persona se ponga en marcha, progrese, aunque pueda sentir un gran deseo. Hay que vencer la inercia. Hay que empezar ahora. ¡Hágalo ahora!

Hay que ejercitarse para aprender a sobreponerse al miedo. Por ejemplo hay situaciones en la que usted debe decidirse a hacer algo como hacer una llamada telefónica especial, hacer una visita o hablar en público. Lo mejor para vencer ese miedo es hacer lo que se teme. Hay que tratar y verá que no pasa nada. Si usted está nervioso o nerviosa o le tiemblan las piernas, nadie lo notará.

No espere hasta que todo sea perfecto para tratar o empezar algo, algún proyecto, alguna idea, algún trabajo. Ya, empiece ahora. El esperar a tener todas las condiciones perfectas le puede llevar una eternidad y usted nunca hará lo que desea hacer. Empiece ahora.

Domine y supere el miedo con éxitos pequeños. Empiece con el primer paso. Como dice el proverbio chino: "Una jornada de mil leguas empieza con un simple paso".

W. Clement Stone, autor de obras de inspiración y superación personal, expresó en su obra *El Sistema Infalible para Triunfar* lo siguiente: "Haz lo que temes hacer, ve donde temes ir. Cuando escapes corriendo porque temes hacer algo grande, estás dejando pasar una oportunidad". Empiece ahora y domine al miedo.

- No tenga miedo a fracasar, hay que tratar para tener éxito.
- No tenga miedo a cometer errores, hay que confrontarlos para tener éxito.
- No tenga miedo a equivocarse, hay que aceptarlo y corregir para tener éxito.
- No tenga miedo a perder, hay que arriesgar para tener éxito.
- No tenga miedo a los obstáculos, hay que superar los obstáculos para tener éxito.
- No tenga miedo a la crítica, hay que creer en su sueño para tener éxito.

Recursos para vencer el miedo

A continuación se indican algunos recursos para dominar el miedo y las preocupaciones que están impidiendo o dificultando el logro de sus objetivos de éxito y felicidad. Todos tienen valor y se pueden aplicar de acuerdo a la persona que está pasando por una situación en la que tiene miedo de algo. Estas técnicas son efectivas, pruébelas.

Empiece haciendo lo que usted se sienta más cómodo de hacer; estos recursos no son excluyentes.

1. Tratar de controlar el miedo

Algunas personas pueden controlar el miedo siguiendo algunas técnicas sencillas de relajación como respirar profunda y pausadamente, relajar algunos músculos y visualizar imágenes positivas.

2. Adquirir confianza en sí mismo

Fortalezca su confianza en sí mismo o en sí misma y tenga confianza en que usted es capaz de sobreponerse al miedo. El uso de afirmaciones reafirmará la confianza que usted vencerá todos los temores.

3. Mirar al temor de frente

Enfréntese al temor sin titubear. En lugar de rehuir o tratar de evitar la situación que le causará miedo, enfréntela con decisión y determinación. Si tiene miedo de hablar en público, solicite hablar en público u ofrézcase de voluntario para dirigir la palabra en reuniones. Si tiene miedo de nadar, nade en una piscina hasta que domine este miedo.

4. Actuar decididamente

Cuando tenga miedo "saque" valor y actúe con decisión; dé el primer paso y siga adelante. La Madre Angélica, que tiene un programa religioso en la televisión de los Estados Unidos, dice: "Tener miedo no es el problema, el problema es no hacer nada cuando uno lo siente".

5. Hablar de sus temores

Muchas veces, las personas cuando exteriorizan sus temores se sienten más tranquilas. Hable de sus temores con sus familiares o amigos.

6. Rezar

Una oración es una herramienta valiosa y poderosa para vencer el miedo. Abraham Lincoln, decimosexto presidente de los Estados Unidos, tuvo miedo de muchas cosas durante la Guerra Civil en los Estados Unidos. Para poder dominar el miedo el presidente Lincoln leía con mucha frecuencia su Biblia; en ella está impresa su huella digital en el Salmo 34:

> Canté al Señor y El me contestó y me liberó de todos mis miedos.

¡Sí puede! ¿Cómo que si puede? "¡Todo es posible al que cree!" Está en la Biblia, en el Evangelio de San Marcos 9:23.

Además del Evangelio de San Marcos, en la Biblia hay una serie de pasajes que nos indican no tener miedo. Tres de ellos son los siguientes:

> No tengas miedo ni te desanimes porque Yo, tu Señor y Dios, estaré contigo dondequiera que vayas (Josué 1:9).

> No temas, ...si tienes que pasar por el agua Yo estaré contigo. Si tienes que cruzar ríos, no te ahogarás. Si tienes que pasar por fuego no te quemarás. Pues Yo soy tu Señor, tu Dios. No tengas miedo pues Yo estoy contigo (Isaías 43:1-5).

> Pues Dios no nos ha dado un espíritu de temor, sino un espíritu de poder, de amor y de buen juicio (Segunda Carta de San Pablo a Timoteo 1:7).

Como dice el Dr. Robert T. Schuller: "Fe es la fuerza que lo hace a usted libre para alcanzar el éxito". "La Fe es dinámica". Usted sí podrá dejar de lado sus temores. Al dejar de lado sus temores, será capaz de avizorar el futuro con optimismo, con confianza y con alegría de vivir.

Tratar, tratar y tratar

Es un hecho innegable que todo lo que usted conoce hoy, usted lo conoce porque lo ha aprendido después de tratar, tratar y tratar muchas veces.

Nadie ha nacido sabiendo caminar o leer o escribir o montar bicicleta. ¿Antes de poder caminar cuántas veces usted trató, trató y trató, primero levantándose y después dando unos pasitos temblorosos? Semejante actitud ha sucedido en su proceso de aprendizaje para leer, escribir o montar bicicleta.

Todas las personas que manejan automóvil lo han aprendido en algún momento y en algún lugar y después de tratar, tratar y tratar.

Es mediante la práctica —tratando, tratando y tratando— que se aprende a vencer los temores. La vida será mucho más agradable si usted logra sobreponerse a sus temores. Por consiguiente, trate, sea constante, persevere y tendrá éxito. Recuerde siempre: "No hay nada que temer".

Venza sus temores. Tenga usted una actitud mental positiva y así tendrá la fuerza que le permitirá adquirir confianza en usted mismo o usted misma y tener alegría de vivir y de lograr la felicidad que usted quiere para usted y para sus seres más queridos.

¡Enfréntese a sus temores ahora y
estos desaparecerán! ¡Usted puede
si cree que puede!

5

Tenga valor

El coraje es la primera de las cualidades humanas
porque garantiza todas las otras.

Winston Churchill

Para alcanzar lo que desea, tener éxito y lograr la felicidad, usted tiene que tener valor para enfrentarse al cambio, para enfrentarse a lo desconocido, para aceptar el reto y los desafíos que encontrará durante esta jornada de la vida, así como para asumir la responsabilidad de su propio destino.

Tiene que tener valor para soñar, para imaginar y representar en su mente lo que quiere ser, lo que quiere lograr, lo que quiere tener. Tiene que tener el valor para ser lo mejor que usted mismo pueda ser.

Publio Ovidio, poeta latino a comienzos del siglo I, expresó: "El coraje lo conquista todo y aún da fortaleza al cuerpo".

Para lograr la felicidad debe tener el valor de pensar que sí puede y que sí merece ser feliz en esta vida. Debe tener el valor de pensar y estar convencido que la felicidad está a su alcance y puede ser feliz si se lo propone.

Para obtener lo que más desee en el fondo de su corazón, debe tener el valor de tener confianza en usted mismo y debe tener el valor de representar su propia imagen lo más alto que sea posible. Debe tener el valor de rechazar los pensamientos negativos de su mente.

Ralph Waldo Emerson habló sobre el coraje lo siguiente: "La mitad de la sabiduría de un hombre va con su coraje".

Debe tener el valor para trabajar en pos de sus metas personales. Debe tener el valor para persistir, para continuar, para perseverar pese a los resultados insatisfactorios que pudiera obtener o pese a lo que otras personas puedan pensar u opinar.

Andrew Jackson, séptimo presidente de los Estados Unidos en el período 1829–1837, expresó: "Un hombre con coraje hace mayoría".

Usted necesita valor y coraje, para querer estar en lugares, posiciones y situaciones en los cuales usted nunca ha estado antes. Se necesita valor, coraje, para probar cuáles son sus verdaderos límites. La mayor parte de las veces nosotros nos ponemos límites pequeños con relación a nuestra real capacidad. Usted necesita valor, coraje, para romper o destruir las barreras que están limitando su progreso y desarrollo.

Valor para soñar

Después de lo que ha leído en estos primeros capítulos de este libro, hay unas preguntas importantes:

- ¿Se da cuenta que usted realmente posee un potencial ilimitado para alcanzar el éxito y ser feliz?

- ¿Se da cuenta que usted puede convertir sus sueños en realidad?

- ¿Se da cuenta que depende de usted y solamente de usted el usar los recursos propios que tiene dentro de sí?
- ¿Se da cuenta que puede usar su imaginación para encontrar soluciones a los problemas que encuentra?
- ¿Se da cuenta que su actitud mental es determinante para lograr lo que quiere?
- ¿Está convencido que usted es una persona única en este mundo y que depende sólo de usted para tener éxito?

Para triunfar en la vida es imprescindible que usted descubra o reafirme sus cualidades, sus talentos, sus habilidades, lo que le gusta más y lo que quiere hacer. Recuerde que usted es el milagro más grande del mundo y que tiene un potencial ilimitado para tener éxito y lograr la felicidad.

Walt Disney expresó: "Todos nuestros sueños se pueden convertir en realidad, si tenemos el coraje de querer lograrlos".

Pero sólo reconocer que tiene un gran potencial no es suficiente. Usted debe tener la determinación, la voluntad de concentrar ese potencial en la elección de los objetivos o metas que quiere lograr porque esos objetivos tienen un valor especial, ya que son suyos, y tomar la acción necesaria para obtenerlos.

Usted tiene que hacer uso de su imaginación, creatividad, inteligencia así como del potencial que tiene. Tiene que hacer uso de su energía interior y hacer que trabaje para usted hasta conseguir lo que se ha propuesto. Si no las usa, no tienen ningún valor ni significado alguno.

- ¿Qué quiere ser?
- ¿Qué quiere lograr en la vida?
- ¿Qué quiere tener?
- ¿Qué quiere hacer?
- ¿En qué desea emplear su tiempo?

- ¿Qué logros tendrán verdadero significado para usted?
- ¿Qué relaciones son importantes para su felicidad?

Se requiere ser valiente para soñar, para hacer uso de su imaginación y para estar convencido de que no hay límites en el poder de su mente.

Desde el momento en que tiene una idea creativa única, usted, sin lugar a dudas automáticamente, se convierte en una absoluta minoría, la minoría de uno. Permanecerá solo hasta que pueda persuadir a otros para que acepten su idea. Aún en el caso que alguna otra persona acepte su idea, continuará siendo la única persona que en el fondo de su corazón cree en su idea, en su sueño, en la posibilidad de convertirlo en realidad.

Cuando se tiene una idea única, la mayoría de las veces se estará realmente solo y eso, a veces, causa miedo. Se requiere tener valor para soñar.

"La vida se puede encoger o expandir en proporción al coraje de las personas".

Muchos han perdido parcial o totalmente, en algún momento durante el transcurso de su vida, la habilidad de soñar, de imaginar. Como hemos visto, el acondicionamiento mental sobre la base de la influencia familiar, a la de los amigos, a la de la sociedad o del medio a que hemos estado sometidos desde la niñez, tiene un gran efecto en disminuir o hacer desaparecer nuestra habilidad en imaginar lo mejor para nosotros mismos.

Muchas veces, por la influencia externa que hemos recibido de nuestra familia, de nuestros profesores o de alguna persona importante, pensamos que el querer algo es una cierta forma de egoísmo, que no es bueno, que es una pérdida de tiempo o que no vale la pena intentar. En ciertas sociedades esto es bastante común y la consecuencia de estos tipos de pensamientos es que una gran mayoría de adultos ha perdido la capacidad de soñar, de imaginar y de proyectarse en el futuro.

Hay un pensamiento de autor desconocido sobre el coraje para soñar y tener éxito: "Soñar cualquier cosa que queremos soñar. Tener confianza en sí mismo para probar sus verdaderos límites. Esto es el coraje para tener éxito".

Para poder hacer uso de ese enorme potencial que está dentro de usted, debe dejar de lado en forma definitiva la creencia de que soñar es una pérdida de tiempo y que es un sentimiento egoísta o que no es algo bueno. Las viejas creencias muchas veces pueden formar parte de las creencias de nuestro familiares, amigos o del medio social con el cual tenemos relación. Se requiere valentía para ser diferente de los demás y para dejar de lado esas viejas y equivocadas creencias.

La imaginación y la creatividad que posee han sido creadas para que las use. La mente al igual que los músculos necesitan de ejercicio y de actividad para desarrollarse. Si la mente no tiene actividad se reducirá, se anquilosará, se atrofiará. Si la mente tiene mucha actividad será muy productiva y cada vez será capaz de pensamientos mayores. Si puede soñar, puede lograr lo que se propone. Cuanto más ejercite su mente, más responderá. Todo lo que hay en el mundo, todo lo que encontramos en nuestra casa, en el lugar de trabajo, los medios de comunicación, la tecnología, todo, absolutamente todo primero estuvo en la mente de alguna persona.

También sabemos que sólo soñar no es suficiente. Porque de lo contrario tendríamos que estar de acuerdo con el poeta dramático español, Pedro Calderón de la Barca, cuando en su obra *La Vida Es Un Sueño,* al final de su célebre monólogo dice: "Los sueños, sueños son".

Hay que materializar los sueños en realidad mediante la acción. Hay que trabajar para convertir esos sueños en realidad. Se necesita trabajo, persistencia, perseverancia, determinación, dedicación, voluntad, confianza en sí mismo y tener siempre presente que sí se puede alcanzar lo que se propone. Hay que tener valentía para trabajar con pasión por lo que se quiere lograr. Es conveniente tener la mente abierta a las nuevas ideas para poder ver las cosas desde diferentes ángulos, de diferentes puntos de vista y de diferentes perspectivas para así encontrar nuevas relaciones, nuevos matices, más posibilidades.

Use su imaginación para resolver sus problemas y para ayudar a los demás. Por eso se requiere tener valor para soñar.

Valor para autoanalizarse

Algunas personas tienen la valentía de soñar y de imaginar pero no tienen la valentía de enfrentarse a sí mismos, de conocer sus puntos fuertes y sus debilidades así como de analizar su situación actual con relación a sus sueños y a lo que quieren ser, quieren lograr, quieren tener.

Todos tenemos algunos rasgos de personalidad o algunos hábitos que no nos gustan o que desearíamos cambiar o modificar así como algunas debilidades que queremos superar. Lo más fácil es negar su existencia pero el resultado será que nos convertiremos en seres complacientes y sin aspiraciones. Sin la valentía de autoanalizarse, los sueños de una persona pueden convertirse en simples fantasías sin valor e importancia y por consiguiente no logrará nada de ellos. Usted debe tener la valentía de hacer una evaluación de sus propios recursos personales ahora, en este momento.

¿Cuáles son sus valores personales, morales, religiosos, sus conocimientos, sus habilidades, su fortaleza de carácter, su inteligencia, su integridad, su determinación, su autodisciplina, su iniciativa, su manera de ser, su actitud mental, su independencia de criterio? ¿Está controlando su vida u otros la están controlando?

Trate de ser lo más realista e imparcial posible. Por supuesto que esta tarea no es fácil. Muchas veces preferimos no enfrentarnos a la realidad y evitamos el análisis porque se siente miedo a la verdad.

En esta jornada hacia un futuro de éxito y felicidad es importante saber el punto de destino pero también es muy importante saber el punto de partida.

Sabiendo cuál es en realidad su punto de partida será más fácil enfrentarse al futuro. El posible acondicionamiento mental actual no debe ser motivo de preocupación o de desaliento. No hay que culpar a nadie. No hay que buscar culpables fuera de nosotros. Nosotros somos los únicos responsables. Lo que hacemos de nuestras vidas depende única y exclusivamente de nosotros.

Sabemos que podemos cambiar si es que queremos cambiar. Usted puede cambiar si es que quiere cambiar. Usted debe tomar control total de su vida. Al ser usted quien controla su propia vida, usted y sólo usted será el único responsable de lo que logre o de lo que deje de lograr. Se requiere tener valor para autoanalizarse.

Valor para empezar

Una de las leyes básicas de la física es que un cuerpo en reposo tiende a estar en reposo así como un cuerpo en movimiento tiende a estar en movimiento. Toma mucha más energía el arrancar un automóvil, una máquina o un avión que mantenerlos cuando ya están en movimiento. Se necesita más energía para cambiar de dirección que para seguir en la misma dirección. Esta ley se aplica también en su actividad personal.

Si usted quiere esperar para encontrar la oportunidad perfecta o más clara o en la que no haya ninguna duda o cuando conoce toda la información posible, de seguro seguirá esperando mucho tiempo, probablemente toda la vida.

Por más que usted espere y espere posiblemente nunca se presentará esa situación ideal, esa situación perfecta sin ningún riesgo, donde todo está controlado. Lo más fácil del mundo es continuar esperando, continuar sin actividad, continuar sentado, en forma pasiva, sin asumir el riesgo y la responsabilidad de empezar. Cuanto más tiempo usted esté sin movimiento, más energía requerirá para romper la inercia del reposo. Romper esa inercia requerirá mucha voluntad y determinación.

No sea como esas personas que murieron y están en sus tumbas sin haber usado jamás sus talentos y habilidades por esperar y esperar y esperar el mejor momento para actuar y ese momento nunca llegó. Se requiere tener valor para empezar. Empiece ahora, en este momento.

Valor para tomar riesgos

Sin riesgo no es posible progresar, no es posible crear, no es posible descubrir, no es posible inventar. Sin valentía no es posible tomar un riesgo.

Si quiere hacer un cambio importante en su vida, si quiere empezar una carrera, iniciar un negocio, si quiere casarse, si quiere cambiar de trabajo, si quiere asumir más responsabilidad, si quiere cambiar de ambiente o efectuar cualquier tipo de cambio, implica necesariamente tomar un cierto riesgo.

Es obvio que en cualquier cambio de situación hay un riesgo implícito. Lógicamente no implica que este riesgo ponga en peligro su seguridad personal, pero sí puede significar que el negocio no dé los resultados esperados, o que los resultados no se vean tan rápidamente o también podría ser que el negocio no resulte. Cuando hay la posibilidad de una pérdida financiera que pueda afectar la vida de usted y la de su familia, hay un riesgo mucho mayor. Podría ser que su familia se oponga a que usted haga un cambio, sus amigos le podrían decir que está loco, que su idea es absurda o que la institución bancaria no le puede dar el crédito que usted esperaba o cualquier otra situación similar. Se requiere valentía para tomar un riesgo.

El Dr. Maxwell Maltz, expresa sobre el coraje: "Debemos tener el coraje de apostar a nuestras ideas, tomar riesgos calculados y actuar".

Tratar de lograr algo bueno implica un riesgo, pero el no tomarlo da como resultado que se siga en el mismo *status quo* y si se sigue haciendo lo mismo no habrá nunca posibilidad de mejora y de convertir sus sueños en realidad. Nada, absolutamente nada, se logra sin la acción. La posibilidad que usted no convierta sus sueños, que no sea lo que usted quiere ser y no lograr los objetivos que usted quiere alcanzar, son más dañinos que el resultado que pueda lograr por actuar.

Para disminuir los efectos de un resultado negativo en lo que usted emprenda, usted deberá estudiar, analizar, evaluar y tomar las acciones necesarias en su plan de acción para disminuir este riesgo al mínimo. Pero eso sí la recompensa puede ser muy valiosa. Se requiere valor para tomar riesgos.

Valentía: el coraje para establecerse valores

Hasta este momento se ha dado énfasis a que usted tenga confianza en sí mismo, confianza en sus talentos, en sus habilidades, confianza en su potencial ilimitado que está esperando que usted lo libere y que dé rienda suelta a su imaginación. Es muy importante en esta etapa clarificar, evaluar y reafirmar sus valores personales. Esos valores personales son los que le guiarán a tomar las decisiones y llevar a cabo acciones día a día.

Todas las personas tienen un cierto sentido de valores. De lo que es bueno, de lo que es malo, de lo que es correcto, de lo que es incorrecto hacer. Posiblemente los valores que usted tiene son el producto de la influencia de sus padres, de la familia, de la sociedad, de la religión, de alguna persona influyente, de profesores, de algún amigo de confianza. Los valores se adquieren desde temprana edad y se van afirmando o desarrollando durante toda su existencia.

Los valores son los principios que guían la acción de todos los días. Por esos principios usted juzga las oportunidades, las acciones, las actitudes, a otras personas y a usted mismo.

Es muy probable que conforme usted ha crecido y con el correr de los años esos principios se han fortalecido según haya madurado. Posiblemente ha mantenido algunos de esos principios sin cambio alguno desde que los aceptó. Posiblemente otros han sido modificados, otros los ha adoptado y otros rechazado sobre la base de sus propias experiencias y madurez.

El proceso de desarrollar los valores no termina en una etapa específica de la vida. Conforme usted se desarrolla, esos valores también se desarrollarán. Generalmente los valores cambian muy poco con la edad madura y el compromiso hacia ellos es mucho más fuerte ya que durante muchos años y en diferentes circunstancias seguramente le han dado buenos resultados.

Aunque todas las personas tienen algún tipo de valores, muy pocos toman el tiempo y se dan el trabajo de ponerlos por escrito y de examinarlos cuidadosamente. Es conveniente que usted escriba aquellos valores que le son importantes. Los valores claramente definidos le ayudarán en el proceso de establecer sus objetivos. Cuando tiene claro cuáles son los valores que son importantes para usted, algunas de las decisiones que tiene que tomar serán muy obvias. Con valores definidos es mucho más fácil tomar algunas decisiones importantes. Los valores sirven de guía en el planeamiento de las acciones que debe seguir para alcanzar sus objetivos.

Es conveniente que analice y se defina sobre los valores que guiarán su accionar por la vida. Debe tener ideas claras sobre la integridad, la honestidad, la entereza, la confianza, la constancia, el amor, la familia, el amistad, la lealtad, la felicidad, la paz, el respeto, la libertad, la responsabilidad, el compromiso, Dios, la fe, la moral, la ética, el poder, la disciplina, el patriotismo, la diversión, el gozo, la superación, el comportamiento, la flexibilidad, la espiritualidad, el éxito, la frugalidad, la amplitud de espíritu, la tolerancia, los derechos humanos y el trabajo, entre otros.

En su autobiografía, Benjamín Franklin, escribió los valores que le habían guiado toda su vida, las virtudes que le sirvieron de preceptos para crear los hábitos necesarios para lograr el éxito y la felicidad. Las virtudes morales que describió Benjamín Franklin fueron:

- **Sobriedad, templanza.** No comer demasiado ni beber desmesuradamente.

- **Silencio.** Hablar solamente cuando beneficie a otros o a usted. Evitar la conversación trivial.

- **Orden.** Haga que todas las cosas tengan su lugar; todas las actividades deben tener su tiempo.

- **Resolución.** Decidirse a actuar lo que se debe hacer. Actuar sin fracasar lo que se ha propuesto hacer.

- **Frugalidad.** No desperdiciar nada. Hacer gastos cuando beneficie a otros o a usted mismo.

- **Laboriosidad.** No pierda tiempo; esté siempre haciendo algo útil. Eliminar las acciones innecesarias.

- **Sinceridad.** Piense en forma inocente y justa. No engañe a los demás. Hable en forma justa.

- **Justicia.** No omita los beneficios que son su deber. No haga daño a nadie.
- **Moderación.** Evite los extremos en todo lo que haga.
- **Limpieza.** No tolere la suciedad en su cuerpo, ropa o habitación.
- **Tranquilidad.** No se distraiga por pequeñeces o por accidentes comunes o inevitables.
- **Castidad.** No se haga daño a sí mismo ni a la reputación o tranquilidad de otros. Cuide siempre su salud.
- **Humildad.** Imitar a Jesús o a Sócrates.

La valentía será su aliado cuando usted escriba y defina los valores más importantes. Hay, en la vida de las personas, una jerarquía de valores. Lógicamente, la jerarquía de los valores puede ser diferente entre las personas.

Lo importante es tener unos valores definidos que le servirán de guía en el momento en que tenga que actuar o tomar una decisión importante.

El conocimiento de la jerarquía de los valores de las personas con las cuales tenemos relaciones es muy importante para comprenderlas mejor y para poder actuar con ellas de la mejor forma posible.

La jerarquía de los valores se puede ir modificando en base a la etapa en que nos encontremos en un momento dado. También es cierto que hay determinados valores que permanecerán exactamente los mismos cualquiera que sea la circunstancia y el tiempo.

Lo que es vital para su desarrollo es saber, con la mayor precisión posible, cuáles son sus valores. El conocimiento de los valores facilitará su desarrollo personal y facilitará las avenidas a tomar en caso de encontrarse en alguna encrucijada en el camino hacia el éxito.

Hay que escribir los valores fundamentales que usted tiene. Cuando usted escribe sus valores, su subconsciente los registrará como que esos valores son los más trascendentes para usted. Por lo tanto, son importantes para su vida. Con valentía sobre la base de sus valores, usted podrá hacer cualquier cambio en su vida y tomar cualquier decisión hacia el desarrollo que desea en lo más íntimo de su ser. Se requiere valentía para establecerse y vivir sobre la base de sus valores.

Los valores más importantes para mí son:

_____

_____

_____

_____

La base de la valentía

La base de la valentía, del valor, del coraje, está en función directa de lo que usted realmente es. La base de la valentía se encuentra bien en el fondo de su ser. Es una función de lo que es usted. Usted puede responder a las circunstancias de la vida en cualquier forma como quiera. Usted puede retirarse o replegarse con miedo, o puede ir hacia adelante con confianza y valentía. La elección es suya. Esto no quiere decir que la decisión es fácil, no, pero es posible.

Orison Swett Marden, autor de numerosos libros de inspiración y motivación expresó: "No puede haber un gran valor o coraje si no hay confianza o fe y la mitad de la batalla está en la convicción de que podemos hacer lo que emprendemos".

Elegir actuar con valentía no es fácil. Pero usted puede hacerlo. Usted debe hacerlo. Cuando se propone actuar con valentía experimentará que en la siguiente oportunidad será más fácil y cada vez le será más fácil actuar con valentía. Nadie puede tener valentía por usted. Usted conscientemente debe asumir actuar con valentía en todas las circunstancias como una opción. Cuando toma esta decisión, abre nuevas avenidas de oportunidades para lograr sus objetivos.

Al actuar con valentía descubrirá en su ser muchos recursos ya que cada vez tendrá más confianza en sus propias decisiones y acciones. Con valentía puede tomar control de su vida y puede hacer lo que desee.

Se requiere valentía para usar al máximo su capacidad, su energía interna, su potencial para tener éxito y lograr la felicidad. Para soñar, para imaginar, lo que se quiere libremente soñar, para retar sus propios límites basados en la confianza que usted tiene de sí mismo se requiere valor, se requiere coraje.

El coraje, el valor, es necesario para tener éxito en la vida y ser feliz.

Se necesita valentía para tener éxito.
Se necesita valentía para lograr la felicidad.

6

¿Tiene problemas?
¡Magnífico!

Los problemas son el precio del progreso.

Charles F. Kittering

Una excelente fuente de inspiración, para empezar a tratar sobre las preocupaciones y los problemas, es volver a leer el Evangelio de San Mateo (6:25-34), que dice:

> Por lo tanto yo les digo: No se preocupen por lo que han de comer o beber para vivir, ni por la ropa que han de ponerse. ¿No vale la vida más que la comida y el cuerpo más que la ropa? Miren las aves que vuelan por el aire: ni siembran ni cosechan ni guardan la cosecha en graneros; sin embargo, el Padre de ustedes que está en el cielo les da de comer. ¡Y ustedes valen más que las aves! En todo caso, por mucho que uno se preocupe, ¿cómo podrá prolongar su vida ni siquiera una hora?

¿Y por qué se preocupan ustedes por la ropa? Fíjense cómo crecen las flores del campo: no trabajan ni hilan. Sin embargo, les digo que ni siquiera el rey Salomón, con todo su lujo se vestía como una de ellas. Pues si Dios viste así a la hierba, que hoy está en el campo y mañana se quema en el horno, ¡con mayor razón los vestirá a ustedes, gente falta de fe! Así que no se preocupen, preguntándose: ¿Qué vamos a comer? o ¿Qué vamos a beber? o ¿Con qué vamos a vestirnos? Por lo tanto, pongan su atención en el reino de Dios y en hacer lo que Dios exige y recibirán todas estas cosas. No se preocupen por el día de mañana, porque mañana habrá tiempo para preocuparse. Cada día tiene bastante con sus propios problemas.

Hay muchas personas que tienen muchas preocupaciones sobre casi todo: trabajo, salud, familia, físico, sexo, niños, dinero, edad, el clima, la situación política, la situación económica, los desastres naturales, etc., etc.

Lo que esas personas no tienen en cuenta es el hecho que por más que se preocupen, la preocupación en sí no aporta absolutamente nada para solucionar los problemas. ¿Recuerda usted acaso lo que le preocupaba hace cinco años? ¿O, usted puede recordar la preocupación que tenía hace apenas un año o hace seis meses?

No es posible y además no tiene ningún valor. La preocupación tiene una orientación hacia el futuro. La culpabilidad pertenece al pasado. Ambas actividades son peligrosas para la salud (pueden provocar el nerviosismo, estrés, úlceras, migraña, presión alta, etc.). La culpabilidad y la preocupación son quizás las dos formas más comunes de angustia.

Monseñor Rómulo Emiliani, sobre la angustia, dice: "La angustia es una intranquilidad o desazón ante un peligro o una desgracia, acompañada de un sufrimiento intenso, con

manifestaciones físicas a situaciones o causas que realmente
no tienen por qué provocar esa reacción".

Efectos de la preocupación

La preocupación es el resultado del mal uso de la imaginación;
en lugar de usar la imaginación para usos positivos, se emplea
la imaginación para ver desastres, desgracias y problemas. La
preocupación es un estado mental con base en el miedo. La
preocupación actúa de manera muy lenta pero en forma persistente. Es muy sutil. Paso a paso puede llegar a socavar la
confianza que uno tiene en sí mismo. Como la preocupación
es un estado mental puede dominarse y controlarse.

La preocupación es el sentimiento que le inmoviliza en el
presente por cosas que pueden llegar a suceder en el futuro.
La preocupación es casi endémica en el género humano. Casi todas las personas pierden una increíble cantidad de tiempo preocupándose por algo. Ni un solo instante de preocupación hará que la situación mejore o cambie. Con
preocupaciones no se logra nada positivo, lo único que se
obtiene es perder el tiempo. Más aún, puede influir negativamente sobre usted, puede influir en que usted deje de actuar,
lo que es terriblemente nocivo.

El Dr. Wayne Dyer, autor de *The Sky is the Limit* (*El Cielo
Es El Límite*), expresa: "Si tú crees que sentirte mal o preocu-
parte lo suficiente cambiará un hecho pasado o futuro, quiere decir que resides en otro planeta con un sistema diferente
de realidad".

¡Deje usted de preocuparse! ¡Con preocupaciones ni usted
ni nadie logrará nada! ¡Basta de preocupaciones! ¡Basta de
despilfarrar su tiempo y su vida!

"¡No hay que llorar sobre la leche derramada!" es una vieja
expresión muy usada. Lo que sí es que hay que tener cuidado
y hacer todo lo posible para evitar que la leche se derrame,

pero si se derrama, ya no se puede hacer nada, hay que olvidarlo rápidamente y pasar a la siguiente acción.

¿Cómo eliminar las preocupaciones?

¿Desea conocer una fórmula que le ayude a vencer las preocupaciones? Le aseguro que si sigue la técnica que se indica más adelante, en poquísimo tiempo, logrará aceptar la realidad y podrá dejar de preocuparse innecesariamente.

Recuerde que la preocupación es un estado mental y por lo tanto se puede dominar y controlar. ¡No hay tiempo para preocuparse!

El célebre estadista británico Winston Churchill, en plena Segunda Guerra Mundial, con un intenso bombardeo diurno y nocturno, trabajaba casi sin descansar cerca de dieciocho horas al día. Cuando una vez alguien le preguntó si no sentía gran preocupación por sus enormes responsabilidades, dijo: "Estoy ahora tan ocupado que no tengo tiempo para preocuparme".

No es lo que nos pasa lo que realmente nos afecta, es la respuesta o reacción a lo que nos pasa lo que efectivamente nos puede perjudicar.

La técnica para eliminar las preocupaciones y estar en condiciones de encontrar las mejores soluciones es la siguiente:

1. Analice la situación de la manera más exacta posible y pregúntese: ¿Qué es lo peor que puede pasar?
Al tener conocimiento de lo peor que puede pasar, la persona se prepara psicológicamente para eliminar posteriormente las preocupaciones. Cuando usted dé respuesta a la pregunta ¿qué es lo peor que puede pasar?, hágalo valientemente, imagine realmente lo peor que puede ocurrir ante la situación que usted enfrenta.

William James, psicólogo y filósofo norteamericano, dice: "Acepta que sea así. La aceptación de lo que ha sucedido es el primer paso para superar las consecuencias de la desgracia".

2. Prepárese para aceptar lo peor.

Cuando una persona se preocupa por una situación dada, la mente no logra concentrarse, no se fija con claridad y por consiguiente influye en que esa persona se encuentre indecisa, con temor, llena de vacilaciones y sea incapaz de tomar una decisión.

Cuando se acepta lo peor, casi inmediatamente se produce una liberación de las tensiones, una liberación de las preocupaciones y la mente puede concentrarse en el problema real. La aceptación de lo peor es el primer gran paso para superar las consecuencias de cualquier calamidad.

El filósofo chino Lin Yutang, en su libro *La Importancia de Vivir*, expresa: "La verdadera paz del espíritu viene de la aceptación de lo peor. Psicológicamente, creo que esto significa una liberación de energía".

Dale Carnegie lo expresa admirablemente cuando dice: "¡Así es exactamente! Psicológicamente significa una nueva liberación de energía. Cuando aceptamos lo peor ya no tenemos nada que perder. Y esto significa automáticamente que tenemos todo por ganar".

3. Después, trate de mejorar lo peor.

Trate de mejorar, de reducir, de aminorar, de superar la peor situación que usted ha imaginado. Recuerde que a partir de lo peor, tiene todo por ganar. Con tranquilidad usted mejorará lo peor o aceptará la realidad.

En resumen, la técnica que le ayudará a eliminar sus preocupaciones tiene tres pasos: primero, encarar lo peor; segundo, aceptar lo peor; y tercero, mejorar lo peor. Emplee esta técnica y logrará primero reducir y después eliminar las preocupaciones y así usted estará en condiciones más favorables para encontrar la mejor solución a los problemas.

Siguiendo esta técnica hará desaparecer de su mente las preocupaciones. Haga uso de esta técnica hasta que se forme un hábito en usted. Ante cualquier situación que le ocasione alguna preocupación, emplee esta técnica de tres pasos y verá inmediatamente los magníficos resultados.

¡No se preocupe tanto!

Monseñor Rómulo Emiliani, Obispo del Vicariato de Darién, Panamá, tiene un mensaje muy interesante sobre las preocupaciones en su programa *Un Mensaje al Corazón*, que es difundido en el Internet. Su título es "¡No se preocupe tanto!". A continuación presento algunos extractos de este importante mensaje.

La preocupación es una película mental de sucesos horrorosos que usted teme puedan ocurrirle. Cuando usted se preocupa demasiado, graba una película de horror en su subconsciente.

Todas las fobias y preocupaciones que se fabrican en la mente son absurdas y ridículas y, en el fondo, muy venenosas. Curiosamente, la mente no tiene cabida para las miles de adversidades que usted piensa que le pueden ocurrir.

La preocupación le lleva al miedo y a sentirse cada vez peor con usted mismo. Preocuparse excesivamente le hará pedazos emocional, mental y físicamente convirtiéndolo en un neurótico. No crea que porque está preocupándose mucho por sus problemas los va a resolver. La preocupación no es pensar, sino turbación del ánimo y obsesionarse con un problema.

La preocupación excesiva nunca hace bien; al contrario, hace un daño terrible. La preocupación jamás impide que algo suceda; más bien como que permite que ocurra. Usted no podrá eliminar las dificultades simplemente preocupándose. Detenga, pues, esa auto-tortura de estar proyectando constantemente películas de horror, preocupación y miedo. Limpie ya su mente de esas horribles películas. Preocúpese menos, piense mejor y actúe más. Borre de su mente las ideas negativas y limpie sus emociones del miedo.

Recuerde la frase tan hermosa del Evangelio en la que el Señor dice: 'Si a los lirios del campo Dios los viste con esplendor y a las aves del cielo Dios les da alimento, por qué preocuparse ustedes que son hijos de Dios. Busquen primero el reino de Dios y lo demás les vendrá por añadidura' (Lucas 12:22-33).

No olvide que, *con Dios, somos... ¡invencibles!*

La única vía para tener una vida equilibrada, hoy en día, es desechar todos los pensamientos negativos y destructivos de la mente y, por consiguiente, eliminando las preocupaciones innecesarias.

¿Tiene problemas? ¡Magnífico!

Pero usted podrá decir, "pero yo tengo problemas". ¡Si usted tiene problemas, magnífico!

"Sobreponerse a los problemas es siempre parte del proceso de lograr el éxito", lo dice Sandra Lee Smith, en su interesante libro para jóvenes, *Setting Goals (Fijando metas)*. Sandra Lee Smith ha sido profesora en todos los niveles educativos desde kindergarten hasta la universidad en varios centros educativos en los estados de Arizona y California.

Cerca de las ciudades, a la entrada de las ciudades, o en las ciudades mismas usted encontrará lugares muy tranquilos, con mucha quietud, generalmente con árboles y plantas, y periódicamente adornado con flores donde las personas que ahí están ya no tienen ningún problema. Son los cementerios. Con toda seguridad los que están ahí ya no tienen ningún problema, porque están muertos.

Espero que usted aprecie que el tener problemas significa *estar vivo*. Es una manifestación de la vida. Luego, siéntase feliz de tener problemas, es bueno. Acéptelos como un reto y resuélvalos con creatividad y decisión.

"Los problemas son para la mente lo que el ejercicio es para los músculos, una forma de fortalecerse. Los problemas aumentan la capacidad para hacer frente a la vida", lo dice Norman Vincent Peale en *El Optimista Tenaz*.

Nunca diga no puedo

Cuando usted se enfrente a problemas, cuando esté frente a un obstáculo, nunca diga "no puedo" o "es imposible". Borre, por favor, en forma definitiva la palabra "imposible", y la frase "no puedo" de su vocabulario personal. Así mismo elimine en forma definitiva las palabras y los pensamientos negativos de su mente. El "yo puedo" y "yo podré" deberán formar parte de su actitud para resolver los problemas.

Tampoco acepte, a partir de este momento, un "no" o un "no se puede", o "no es posible" como respuesta. Las respuestas más comunes que encontramos en la vida ante una situación nueva o poco común, es "no", "no se puede", "no es posible". A partir de este momento, cuando oiga una respuesta como esas no haga caso. Porque usted sabe que sí se puede.

Henry Ford dijo: "Si piensas que puedes o piensas que no puedes, tienes razón".

Todo depende de su actitud mental. Cuando escuche una respuesta negativa, trate con otra persona, insista, persista, hasta conseguir lo que usted desea lograr. Nunca acepte, a partir de este momento, como respuesta definitiva un "no" o un "no se puede".

Hay otro hecho importante, por más que usted trate con todas sus fuerzas, no es posible agradar a todas las personas todo el tiempo. Si ese es el caso, no hay razón para que se sienta preocupado o preocupada o se sienta culpable cuando tenga que hacer algo que no agrade a alguna persona.

Herber B. Swope lo dice muy bien: "No puedo darles la fórmula para el éxito, pero sí les puedo dar la fórmula del fracaso, que es tratar de agradar a todos".

Método para la solución de problemas

Cuando usted se enfrente a un problema, piense que todo problema tiene solución y la mayoría de las veces más de una solución. Estudie el problema con imaginación, con esperanza, con optimismo y encontrará soluciones creativas.

Para encontrar la mejor solución es imperativo que usted tenga sólo pensamientos positivos, pensamientos constructivos, pensamientos correctos en todo sentido. La persona positiva es aquella que soluciona los problemas y que no tiene miedo de enfrentarlos.

La persona positiva, con pensamientos optimistas y con confianza, tiene gran capacidad de adaptación, puede adecuarse a las circunstancias y sacar el mejor partido de una nueva situación y está en mejores condiciones de poder encontrar la mejor solución ante un problema presentado.

Una manera de resolver los problemas y de evitar innecesariamente las preocupaciones es escribir las siguientes preguntas y contestarlas:

- ¿Cuál es el problema? ¿En qué consiste el problema?
- ¿Cuál es la causa o causas del problema?
- ¿Cuáles son todas las soluciones posibles?
- ¿Cuál es la mejor solución?

Cuando usted da respuesta a estas cuatro preguntas: ¿Cuál es el problema; en qué consiste el problema?; ¿Cuál es la causa o causas del problema?; ¿Cuáles son las soluciones posibles?; ¿Cuál es la mejor solución?, usted estará en camino de solucionar el problema.

El sólo definir o determinar con exactitud cuál es el problema y decidirse a solucionarlo ya se habrá avanzado casi un cincuenta por ciento en el esfuerzo para resolverlo. Casi todas las personas de éxito coinciden con la idea de que empezar algo es casi lograr la mitad de lo que se quiere obtener.

Cuando esté ante un problema, lo más importante es definir de la manera más clara posible, ¿cuál es el problema? Con justa razón se ha dicho que "un problema bien planteado es un problema medio solucionado".

Usted deberá resolver cada problema cuando realmente se tropiece con él. No pase tiempo pensando en los problemas que se le pueden presentar. *No trate de cruzar el puente cuando todavía no ha llegado al río.*

Recuerde que un problema es, muchas veces, una oportunidad disfrazada. Hay que tener siempre una apertura de espíritu para poder hacer un uso mejor de su imaginación y creatividad. Cada inconveniente lleva una ventaja equivalente y que para encontrar la mejor solución no se necesita saber, de antemano, todas las respuestas.

Julio Iglesias era un jugador de fútbol profesional cuando tuvo un accidente automovilístico en Madrid que lo paralizó por más de un año. Este accidente le truncó su carrera deportiva. Una enfermera le dio una guitarra a Julio Iglesias para ayudarle a pasar esos tediosos días en el hospital y en ese momento él no tenía planes artísticos o musicales. Julio Iglesias con su capacidad de adaptación y su actitud optimista pudo cambiar una situación mala en una buena y ahora es uno de los grandes cantantes y compositores.

Cuando se encuentre frente a un problema, no se preocupe, más bien piense inmediatamente y repita la afirmación: "Tengo confianza en mí mismo y sabré exactamente qué hacer y cómo hacer para encontrar la mejor solución al problema".

Importancia de la acción

Es de extrema importancia que una vez que se llega a una decisión, se debe actuar con prontitud. La experiencia ha demostrado con amplitud que llegar a una decisión es de gran valor y que el siguiente paso es actuar. No hay que detenerse para efectuar nuevas reflexiones y esperar tener más información ya que sólo conduciría a vacilaciones y a crear más dudas, lo que impediría solucionar el problema.

Recuerde que hay que definir de la mejor forma y lo más completo que sea posible el problema; un problema bien definido es un problema medio resuelto. A continuación hay que analizar las diferentes causas posibles que han dado origen al problema. Luego, vea todas las soluciones posibles sobre la base de la información que hasta ese momento ha obtenido. Recuerde que muchas veces no es posible contar con toda la información para poder estar en condiciones de resolver un problema. Finalmente, decida cuál es la mejor solución y actúe inmediatamente.

La acción es lo que permitirá que el problema sea resuelto. Actúe tan pronto llegue a la decisión.

Como dijo el novelista y poeta inglés Rudyard Kipling: "Seis honrados servidores me enseñaron cuanto sé. Sus nombres son: ¿Cómo, Cuándo, Dónde, Qué, Quién y Por qué?".

Johann Wolfgang Goethe, gran poeta alemán, una de las figuras más altas de la literatura mundial dijo:

Lo que usted puede hacer, o sueña que puede hacer, Empiécelo.
La audacia posee sabiduría, fuerza y magia.
Empiécelo y el trabajo será completado.

Con pensamientos positivos, con pensamientos constructivos, con pensamientos correctos y con confianza en sí mismo, podrá resolver satisfactoriamente los problemas. Recuerde que los problemas se deben resolver cuando se tropiece realmente con ellos.

El mundo está dividido en dos clases de personas, las que deciden y las que vacilan; entre los últimos están la mayoría de hombres y mujeres que postergan decisiones importantes. La indecisión es uno de los grandes males que causa mayores desgracias a los seres humanos.

Cuando llegue al momento de tomar una decisión, no vuelva nuevamente sobre sus pasos, no vuelva a hacer nuevas reflexiones, no comience a vacilar ni a esperar tener más información o a que se presente un mejor momento.

Decidirse es avanzar. Abandone para siempre la indecisión. Ha llegado el momento de la decisión. Este es el mejor momento. Tome la decisión y actúe.

¡Actué con confianza ahora!

7

Su subconsciente computador

Se puede hacer todo lo que se quiera con la mente.

Platón

¿Sabía usted que tiene la "maquinaria" más maravillosa y extraordinaria que existe en el mundo y que le permitirá obtener todas las cosas que su corazón desea? Usted puede obtener todo lo que desea, usando esa maravillosa e increíble herramienta que llamaremos *"subconsciente computador"*.

Estudios recientes han probado que el cerebro humano se asemeja a un computador súper gigante que contiene más de diez mil millones de células electrónicas que generan, reciben y transmiten energía. Se ha estimado que se requiere varios cientos de metros cuadrados, casi como un estadio deportivo, para instalar un computador que se asemeje a la mente humana. Y se requeriría un millón de kilovatios de electricidad para operar dicho computador.

Tal vez es para usted una sorpresa, pero le tengo muy buenas noticias. Ningún invento realizado por el hombre es tan maravilloso como la prodigiosa supercomputadora humana que usted posee. Usted es una mente con cuerpo. Una mente compuesta del consciente y del subconsciente que funcionan conjuntamente pero que al mismo tiempo son muy diferentes. Muchas veces la existencia del subconsciente para desapercibida.

La mente consciente es la que piensa, razona y hace los cálculos sobre la base de lo que se ha estudiado y aprendido a través de los años. Cuando se piensa se pueden aceptar o rechazar las ideas o razonamientos en forma consciente. De una manera general todo lo que se aprende a través del estudio, de la práctica se hace en forma consciente. El consciente es razón, lógica, juicio, forma, cálculo, ciencia, conciencia moral. La mente consciente es la fuente de los pensamientos.

La mente subconsciente es actitud, intuición, emoción, inspiración, sugestión, deducción, imaginación, memoria, energía, organización. Pero, para que verdaderamente algo que se haya aprendido quede firmemente en la memoria, debe pasar al subconsciente. El subconsciente tiene una memoria perfecta. La mente subconsciente es la fuente de la energía interna, del poder interno.

Si se compara el consciente y el subconsciente, se puede constatar que mientras el consciente a veces es dotado de una memoria muy infiel y frágil, el subconsciente, por el contrario, está provisto de una memoria impecable, maravillosa, que registra todos los acontecimientos de nuestra existencia. Además, algo muy importante, el subconsciente es muy crédulo y acepta, sin razonamiento alguno, todo lo que se le dice. El subconsciente dirige todas las funciones de nuestro organismo y también todas las acciones que realicemos cualesquiera que ellas sean.

Todo lo que sabemos, conocemos, dominamos, está almacenado en el subconsciente y como tiene un potencial ilimitado lo hemos llamado el subconsciente computador. El subconsciente es el que coordina el almacenamiento y el acceso a nuestros recuerdos, a nuestra memoria. El subconsciente también ha sido llamado "la mente cuerpo" o "la mente del cuerpo" ya que es el que provee la dirección al funcionamiento de todo nuestro organismo. Es el subconsciente el que hace palpitar su corazón, circular su sistema sanguíneo, que su respiración continúe, a sus ojos pestañear, a su estómago digerir los alimentos y dirige todo lo que hace nuestro cuerpo sin que nos demos cuenta de ello. Mediante el subconsciente podemos caminar sin pensar en forma consciente en todos los músculos que debemos mover.

Algo que es importante tener presente es que el subconsciente toma todo en forma personal. El dicho en psicología "percepción es proyección" es muy importante. Lo que usted ve es lo que usted es. Lo que a usted le agrade o desagrade de un amigo, es usted. Por eso, siempre piense lo mejor de cada persona que usted conozca. Si usted piensa que una persona puede hacer algo, lo hará. Si usted piensa que una persona es excelente, lo será. Cuanto más vea lo bueno en otras personas, esas personas harán lo bueno y tendrá repercusión en usted, y usted se sentirá bien. Usted es lo que piensa que es. Respete y quiera a su subconsciente computador.

En el libro Proverbios (4:23), de la Biblia, está: "Cuida tu mente más que nada en el mundo, porque ella es la fuente de tu vida".

Usted tiene un subconsciente computador que es patrimonio suyo y que trabaja sólo para usted. Ese subconsciente computador le puede resolver todos sus problemas y puede ayudarle a obtener todo lo que usted quiere, con tal que lo use adecuadamente. Más adelante encontrará algunas ideas y recomendaciones para dar el mejor uso posible a su subconsciente computador. Usted es la única persona en el mundo que puede hacer que su subconsciente trabaje para usted.

Maxwell Maltz, en su libro *Psycho-Cybernetics* (*Psicocibernética*), publicado en 1960, habló sobre el subconsciente y el consciente realzando la importancia extraordinaria del subconsciente. En su fascinante libro explicó que la mente subconsciente tiene dos principios:

El principio del acuerdo: la mente subconsciente siempre dice 'Sí' a todo lo que la mente consciente le dice.

El principio de conformidad: la mente subconsciente siempre se mueve en la dirección en la cual la mente consciente le señala".

Usted debe tener confianza en el extraordinario poder que hay en su mente. *Lo que la mente puede concebir y creer, la mente lo puede lograr.* Todo lo que hay en el mundo, todos los maravillosos inventos realizados a través de todos los tiempos de la humanidad, se formaron primero en la mente de alguien.

Siddharta Gotama, Buda, expresó: "La mente es todo; todo lo que se piensa sucede".

Sabiendo que usted tiene un subconsciente computador que trabaja sólo para usted las 24 horas del día y los 365 días del año es necesario que sepa como sacar el mejor provecho de este extraordinario y maravilloso don. Usted puede voluntariamente "plantar" en su subconsciente cualquier plan o pensamiento que desee transformar en algo tangible o concreto. Usted debe tener confianza en la capacidad de su subconsciente ya que tiene posibilidades extraordinarias.

La realidad es que la mayoría de las personas no saben esto o si lo saben no saben cómo usar su subconsciente. En general el conocimiento que se tiene sobre el subconsciente es muy limitado porque su accionar pasa, la mayoría de las veces, totalmente desapercibido.

Su subconsciente nunca está ocioso, trabaja durante todo el día y toda la noche, jamás descansa. Eso sí se nutre con las ideas que usted le proporciona o con las ideas que recibe del medio ambiente en el que usted se encuentra y que usted las acepta.

Maxwell Maltz expresa: "Si usted ha aceptado una idea, ya sea de usted mismo, de sus profesores, de amigos o de avisos publicitarios, o de cualquier otra fuente y si usted está firmemente convencido que esa idea es verdadera tendrá el mismo poder sobre usted como tienen las palabras de un hipnotizador sobre un sujeto hipnotizado".

Su subconsciente se puede alimentar con pensamientos que son el fruto del azar, con pensamientos de derrota, con pesimismo e inseguridad o, por el contrario, con pensamientos positivos, optimistas, de éxito, de riqueza espiritual y material. La elección depende única y exclusivamente de usted. Lo que usted obtendrá de su subconsciente computador está en directa relación a sus propios pensamientos e ideas.

Usted debe utilizar ese extraordinario poder para alcanzar la felicidad, éxito, salud y riqueza y para hacer el bien a otros. En los capítulos siguientes usted aprenderá a programar su subconsciente de manera que pueda obtener el máximo provecho o beneficio de su subconsciente computador.

Cualquier idea que usted piensa que es verdadera será aceptada como verdadera, sin ninguna duda, por su subconsciente. Es más lo que usted se imagina, es decir cualquier experiencia producida sólo en su mente, es aceptado por su subconsciente como si fuese real.

Confíe en su subconsciente computador

Su subconsciente es un amplio reservorio de conocimientos adquiridos a través de todos los años de su existencia, mediante la experiencia pasada, la educación y la reflexión. Es una fábrica de energía que no está limitada ni por el tiempo ni por el espacio.

Su subconsciente guarda para su futuro todas las imágenes y sentimientos que usted ha tenido durante su vida y que tienen algún valor o un especial significado para usted. Todo lo que ha sentido o experimentado durante todos los años de su vida está registrado en su subconsciente.

Su subconsciente es la única parte de su cuerpo que trabaja todo el tiempo, no descansa nunca y que le ayudará en los momentos más difíciles y, en especial, cuando tiene que actuar rápidamente ante una circunstancia que se presente súbitamente. Todos los órganos de su cuerpo, incluso el funcionamiento de todos los sentidos, están regulados por el subconsciente y si usted no lo altera por el miedo o por las preocupaciones, su corazón palpitará regularmente, respirará sin pensar en ello y no sabe que su estómago está digiriendo su alimento. Pero en cuanto usted se inquiete por algo, su organismo se pondrá tenso, su corazón palpitará más aprisa, el color de su cara cambiará y sentirá el efecto de un nudo en el estómago. Incluso su estómago se puede enfermar.

El subconsciente es realmente asombroso, tiene poderes casi magnéticos y casi misteriosos. Su subconsciente no está limitado en su funcionamiento y no tiene más límites que el límite de su propio pensamiento. Por todo ello debe confiar en su subconsciente computador. Su subconsciente computador le ayudará a tener éxito y felicidad.

El psicólogo francés Gustave Geeley, en su libro *From the Unconscious to the Conscious* (*Del Subconsciente al Consciente*),

ha expresado que la mayoría de las personas, ya sean científicos, artistas u otros no saben la gran importancia del subconsciente y que "los mejores resultados en la vida han sido obtenidos mediante una estrecha armonía y cooperación entre las
mentes consciente y subconsciente".

Su subconsciente es como un gigante que tiene poderes ilimitados y que está a su total disposición. Está esperando que
usted le dé instrucciones para apoyar el plan que usted se ha
trazado para obtener la felicidad y el éxito. Lo que la mente
puede concebir y creer, la mente puede lograrlo.

Su subconsciente computador nunca duerme, siempre está trabajando para usted. El subconsciente tiene la virtud de
ser sumamente exacto. Usted deberá aprender a escuchar a
su subconsciente. Su subconsciente deberá ser su maestro, su
guía, su protector interior. Dele a su subconsciente instrucciones nuevas y positivas y tenga la plena seguridad que serán realizadas con precisión.

No es necesario que trate de comprender con exactitud
cómo trabaja su subconsciente computador y por qué trabaja. Lo que es importante es que usted lo practique lo suficiente de manera que todas sus acciones sean dirigidas hacia
alcanzar los objetivos que usted mismo se ha fijado.

Acepte este hecho tal como acepta el hecho de que presio-
nando un botón o un interruptor en un aparato de TV, las
imágenes a colores se proyectan inmediatamente en la pantalla y escucha los sonidos sin hacer ningún esfuerzo adicional.

El subconsciente computador y las metas

Una excelente forma para hacer trabajar al subconsciente
computador es estableciendo metas precisas, pensar en ellas,
visualizar los resultados y hacer uso de las afirmaciones. El
establecer metas y visualizar y usar afirmaciones en forma
repetida son excelentes medios para que su subconsciente

trabaje para usted. Más adelante se indicará cómo y cuándo usarlos para obtener el mejor provecho posible de esta maravillosa herramienta.

Los psicoterapeutas Jack y Cornelia Addington lo expresaron muy bien: "El uso de la mente es la actividad más importante de la vida. Todo comienza en la mente. Todo aquello que podemos concebir, podemos realizarlo".

El establecimiento de metas es la fuerza más intensa de motivación. Sin metas precisas se está a la deriva, sin rumbo fijo y sin darse cuenta puede llegar a un lugar sin saber por qué. Con metas fijas su subconsciente computador seleccionará para usted las oportunidades que le convienen para proseguir hasta obtener lo que se ha propuesto. Como la fijación de metas es de suma importancia se trata sobre esto en un capítulo aparte.

Maxwell Maltz enfatizó el poder de las metas personales y el valor de la mente y en especial del subconsciente. Algunas de sus ideas son estas:

> El mecanismo creativo que está dentro de usted es impersonal. Trabajará automática e impersonalmente para lograr las metas de éxito y felicidad o de fracaso e infelicidad, dependiendo de las metas que usted se ha fijado para usted mismo.
>
> Nosotros hemos sido creados como mecanismos que buscan metas. Cuando no tenemos metas personales en las que estamos interesados y que significan algo para nosotros, estamos aptos para ir en círculos, sintiendo que estamos perdidos y encontrando que la vida no tiene sentido.
>
> Cuando las personas dicen que la vida no merece la pena, lo que están realmente diciendo es que ellos mismos no tienen metas personales que valgan la pena.

El subconsciente computador y la visualización

La visualización es la representación mental de algo que usted quiere que suceda en el futuro. Todos los grandes triunfadores en los diversos campos de la actividad humana dominan el arte de la visualización.

Cuanto más claras y precisas sean las imágenes que usted visualice, más fácil será que usted logre lo que quiere. Con una imagen clara, definida, completa de lo que usted desea su subconsciente sabrá con exactitud qué es lo que usted realmente quiere y trabajará para que usted logre lo que quiere en el fondo de su corazón.

Si el subconsciente sabe con claridad y precisión lo que usted quiere, constantemente le ayudará a tomar las acciones más adecuadas para que usted lo consiga.

La visualización es una herramienta mental valiosa que necesita su subconsciente para trabajar para usted.

El subconsciente computador y las afirmaciones

Las afirmaciones son esas expresiones que usamos para reafirmar lo que queremos y que tiene un significado especial. En algunos casos son los famosos proverbios, que a veces se toman como verdades y tienen influencia sobre nosotros. Cuando usted utiliza sus propias afirmaciones en función de lo que usted quiere, esas ideas quedarán grabadas en su subconsciente computador y le ayudarán a conseguir lo que usted desee. Debido a la extraordinaria importancia de las afirmaciones en la consecución del éxito personal se tratará sobre las afirmaciones en un capítulo especial.

La repetición espaciada es también una excelente herramienta de aprendizaje y mediante ella podemos fijar en nuestro subconsciente las ideas que queremos. Mediante la repetición se aprende el abecedario, la tabla de multiplicar, a jugar bien el tenis, a jugar bien el golf, a esquiar, a nadar, a pintar, a tocar un instrumento, a dominar cualquier arte u oficio.

Mediante la repetición de ideas positivas su subconsciente computador tendrá un poder realmente asombroso y ese poder le ayudará a usted. Mediante la repetición se llega a creer en algo, y lo que se cree se convierte en una convicción profunda.

Tenga confianza. Pruebe y compruebe por usted mismo los beneficios de las afirmaciones.

El poder de la mente

El poder de la mente ha existido en todos los tiempos y en todas las latitudes. El poder de la mente es tan extraordinario que todavía no se sabe completamente su real magnitud y todo lo que es capaz de hacer y lograr. Lo que sí se sabe es que tiene una fuerza extraordinaria. Todo empieza con una idea, con un sueño, con una voz interior que nos impele a seguir el camino hasta lograr la meta soñada.

Mahatma Gandhi, al llegar a Inglaterra en busca de la solución de los problemas de la India, dijo: "Hago esto porque me lo dice una voz interior".

Juana de Arco, heroína francesa, de origen humilde, a la edad de doce años, escuchó su voz interior que le decía que ella dirigiría al ejército de Francia contra Inglaterra. Cuando tenía diecisiete años se presentó ante el Príncipe Carlos y le explicó su creencia y su fe y éste impresionado le asignó el comando. Juana de Arco al seguir las instrucciones de su voz interior inspiró a los franceses para arrojar a los ingleses de Orleáns. Canonizada en 1920, Juana de Arco es la única, en toda la historia de humanidad, que a la edad de diecisiete años comandó un ejército y es una de las figuras más puras de la historia de Francia.

Simón Bolívar, general y estadista venezolano, el gran Libertador de América, oyó su voz interior y liberó a varios países de América del Sur de la dominación española.

¿Cuál es esa voz interior? Algunos dicen que es un "algo" interior difícil de describir; otros lo llaman un "poder" interior; otros, "pensamiento universal"; otros "corazonada", "intuición", "el sexto sentido". Para nosotros es la voz del subconsciente computador.

El pensamiento es como un poderoso imán que tiene una gran fuerza de atracción o como una gran luna de aumento que atrae los rayos solares y los concentra. Cuanto más fuerte e intenso sea su pensamiento más atraerá las oportunidades.

Ralph Waldo Emerson expresó: "Sé sumamente cuidadoso con lo que pides cuando oras, pues recibirás lo que pidas".

De ahí que cuando se pida algo hay que ser específico porque es posible obtenerlo. En el Evangelio de San Marcos (11:24) está: "Por eso les digo: todo lo que pidan, crean que ya lo han recibido y lo obtendrán".

Nadie es inmune a pensamientos o sentimientos negativos ni a actitudes negativas. Lo que sí es muy importante es reconocer el contenido negativo de esos mensajes para tomar inmediatamente una acción correctiva y reemplazarlos con actitudes, pensamientos o sentimientos positivos.

Recuerde siempre lo siguiente: "Cualquier cosa que uno se repite así mismo, ya sea falsa o verdadera, acabará por creer en ella y la asimilará". Ralph Waldo Emerson lo expresó claramente, cuando dijo: "Una persona es lo que piensa que es". Por eso es conveniente tener siempre pensamientos positivos y llenos de optimismo.

El Dr. Wayne Dyer, en su libro *Real Magic: Creating Miracles In Everyday Life* (*Magia Real: Creando Milagros En La Vida Diaria*) expresa: "Sus pensamientos son algo que usted controla y que se originan dentro de usted. Sus pensamientos crean su experiencia sobre su salud, riqueza y todos los detalles de su mundo".

Joaquim Cruz, extraordinario atleta brasileño, récord mundial juvenil en 800 metros planos en 1981, récord olímpico y ganador de la medalla de oro en las Olimpiadas de 1984, medalla de oro en los Juegos Panamericanos de 1987, medalla de plata en las Olimpiadas de 1988, récord panamericano y medalla de oro en 1,500 metros en los Juegos Panamericanos de 1995, dice: "nosotros somos responsables por nuestras acciones, usted es lo que informa a su mente lo que quiere ser. Si desea limitar su mente... eso es lo que va a lograr y usted tendrá resultados limitados. Concéntrese en lo que quiere".

En nuestra mente tenemos todos un gran reino, pero son muy pocos los que se dan cuenta de lo que eso significa. La mayoría se deja llevar por la corriente, por la costumbre, reciben resignadamente los golpes de la vida, son dominados por las condiciones del medio y por las circunstancias de cada momento, en una palabra viven como simples y pobres campesinos en un reino del cual debieron ser reyes.

Use su subconsciente computador en forma positiva para que le facilite el camino a seguir para lograr lo que usted realmente quiere en la vida.

Use su subconsciente computador
y confíe en él.

8

Programando su subconsciente computador

Todo lo que podemos concebir podemos realizarlo.

Jack y Cornelia Addington

Como se ha mencionado anteriormente, la mente tiene poderes extraordinarios que la mayoría de las personas no usan. El uso correcto de la mente es la actividad más importante de la vida. Todo comienza en la mente. Su vida, en realidad, es lo que usted piensa como resultado del proceso de sus pensamientos. Es su mente y lo que piensa que es, lo que hace realmente a la persona que es usted.

El pensamiento es como un imán poderoso que atrae las ideas, de ahí que si tiene pensamientos negativos atraerá pensamientos negativos y actuará negativamente y si tiene pensamientos positivos atraerá pensamientos positivos y actuará positivamente. Lo que usted se fije en su mente, en lo que usted fije sus pensamientos, en lo que usted enfoque su imaginación así será lo que usted atraerá.

Claude M. Bristol, en su libro *The Magic of Believing* (*La Magia de Creer*), dice: "El secreto del éxito no reside afuera sino en los pensamientos mismos de la persona. Usted es el producto de sus pensamientos. Lo que usted mismo cree que es, usted es".

Dentro de usted existe una fuerza invisible muy poderosa que si usted la usa correctamente lo puede convertir en un ser invencible en cuanto a sus deseos para convertir sus sueños en realidad. Los pensamientos que predominan en usted determinan su personalidad, carácter, integridad, energía así como todos los aspectos de su comportamiento en las actividades diarias de la vida.

James Allen, en su libro *As the Man Thinketh* (*Como el Hombre piensa*), expresa: "Sueñe grandes sueños, y lo que usted sueñe, en eso se convertirá. Su visión es la promesa de lo que usted será algún día; su ideal es la profecía de lo que usted finalmente descubrirá". "Usted será tan pequeño como su deseo controlador, o tan grande como su aspiración dominante".

En este capítulo se indicarán algunas reglas sencillas que permitirán el mejor uso del subconsciente. Recuerde que el subconsciente siempre está trabajando sin descanso.

El subconsciente recibe y almacena todo en todo momento. Las diferentes impresiones que llegan al subconsciente a través de los sentidos, cualesquiera que sean su tipo, naturaleza o intensidad, quedan registradas por el subconsciente. Usted puede, igualmente, mediante una acción voluntaria hacer que se fije una determinada impresión en su subconsciente. Como el subconsciente trabaja permanentemente y mediante un proceso real, pero que no se puede explicar en detalle, transforma las ideas en equivalentes físicos utilizando los medios más prácticos para alcanzar lo imaginado.

Los impulsos que recibe su subconsciente provienen tanto de una acción voluntaria como de una acción involuntaria. Como usted está en todo momento bombardeado por una serie de ideas, mensajes, imágenes que las percibe de la TV, radio, cine, periódicos, revistas u opiniones de los demás, su mente está siendo influenciada por agentes externos que van formando un cierto acondicionamiento mental.

Según Penny Hawkey, presidenta y directora creativa de *The Bloom Agency/NY*, una agencia de publicidad, el estadounidense promedio recibe 7,000 estímulos publicitarios cada día. Esos estímulos son muy diversos y todos los registra su subconsciente.

Hay muchas personas que dejan el televisor o el radio encendido mientras están haciendo otras cosas y dicen que ellos "no están prestando atención" a los programas, anuncios o avisos. Tengan cuidado, esto puede ser muy peligroso. Cuando usted está viendo u oyendo o prestando atención, está usando su consciente y por lo tanto puede evaluar la información que está recibiendo y puede rechazar las ideas negativas o a veces absurdas que se propagan. Sin embargo, si usted no está prestando atención o está medio dormido el que está captando todas las ideas que muchas veces son absurdas o negativas es su subconsciente. Las ideas destructivas que usted puede recibir sin "darse cuenta" pueden ser dañinas para su salud mental.

Wayne Dyer, en su libro *The Sky's the Limit* (*El Cielo Es El Límite*), expresó: "Usted es responsable por los pensamientos que usted tiene en su mente en cualquier momento dado. Usted tiene la capacidad de pensar lo que escoja. Virtualmente todas sus actitudes o comportamientos se originan en la manera que usted escoja pensar".

Norman Vincent Peale, en su libro *Why Some Positive Thinkers Get Powerful Results* (*Por Qué Algunos Pensadores*

Positivos Obtienen Resultados Poderosos), expresa: "Nunca piense o hable de carencia porque hay un peligro grave de actualizar la carencia. Cuando usted exterioriza tales pensamientos negativos, el resultado es activar negativamente el mundo alrededor. Cuando usted constantemente exterioriza pensamientos negativos, usted tiene una tendencia fuerte de recibir resultados negativos. Nunca debe mantener o expresar una idea salvo que desee que tome forma en su vida".

Lo importante es que en forma consciente ingrese a su subconsciente pensamientos afirmativos, positivos, optimistas que le ayudarán a conseguir todo lo que desea. Lo que usted se diga a sí mismo es muy importante; es como la materia prima sobre la cual usted creará su propia autoimagen. Su subconsciente creará todo lo que se diga a sí mismo y le hará actuar de acuerdo a sus propias creencias. Si usted controla sus pensamientos, podrá usar su subconsciente para que le ayude a lograr todas sus metas personales.

Usted tiene que tener el convencimiento total que usted y nadie más es responsable de sus pensamientos, ideas e imágenes que están en su mente. Sus pensamientos determinarán su futuro. Usted es lo que piensa que es y, por consiguiente, será lo que sus pensamientos serán.

Las ideas, cuando llegan al subconsciente, se mezclan con las emociones o sentimientos. Siendo el subconsciente muy susceptible a las emociones se piensa que la intensidad de las emociones puede ejercer una mayor influencia en el subconsciente. Como hay emociones negativas (miedo, ansiedad, celos, odio, cólera, superstición, venganza) y positivas (fe, deseo, amor, entusiasmo, esperanza) debemos hacer todo lo necesario para que siempre tengamos emociones positivas y éstas se pueden producir mediante la autosugestión.

Donald Moine y Kenneth Lloyd, en su libro *Unlimited Selling Power* (*El Poder Ilimitado de las Ventas*), expresan:

"Mediante la autohipnosis se pueden dar mensajes positivos que tendrán un impacto posterior en el pensamiento, la actitud y el comportamiento. También expresan que la autohipnosis puede ser utilizada para sobreponerse a problemas, temores, estrés, nerviosismo o asuntos relacionados con la autoimagen. La autohipnosis puede ser usada para transformar muchos de los temores en fuerzas anímicas".

La autosugestión

El subconsciente tiene una gran fuerza y es por eso que debemos actuar sobre él para que nos ayude a lograr lo que deseamos. Podemos actuar sobre él mediante la sugestión y mejor aún mediante la autosugestión.

¿Qué es la sugestión? La sugestión se puede definir como la acción de imponer una idea en el cerebro de una persona. Y ¿qué es la autosugestión? La autosugestión es la implantación de una idea en uno mismo por uno mismo.

Al utilizar conscientemente la autosugestión positiva haremos que nuestro subconsciente se impregne de ideas que nos ayudarán a lograr lo que queremos. Una vez que el subconsciente las acepta podremos ver los resultados y nos daremos cuenta que las cosas empiezan a suceder tal y conforme nos las hemos imaginado.

Si usted se persuade a sí mismo que puede hacer algo, siempre y cuando eso sea factible, usted lo hará por difícil que pudiera parecer en algún momento dado. De la misma manera, si usted se imagina que no puede hacer la cosa más simple del mundo, no la hará y los pequeños obstáculos le parecerán verdaderas montañas infranqueables.

Conozco a personas, y con toda seguridad usted también conoce a algunas, que prácticamente predicen que algo malo les va a ocurrir o que van a tener un dolor o sentir un malestar y, en efecto, llegado el día o la circunstancia prevista les ocurre lo que se habían imaginado. Esas personas se han predispuesto para que eso les ocurra. Y otras, por el contrario, se alivian mediante la autosugestión consciente. A esta situación, algunos autores la llaman la profecía que se cumple por sí misma.

Para comprender bien la autosugestión es necesario saber que en todos nosotros existen el consciente y el subconsciente. Mientras que el consciente tiene una memoria muy débil, el subconsciente, por el contrario, tiene una memoria maravillosa, impecable, que registra todos los eventos. Además, el subconsciente es muy crédulo y acepta sin razonar lo que le decimos.

El subconsciente es el que dirige todos nuestros órganos por intermedio del cerebro. También es el subconsciente que dirige todas nuestras acciones, cualesquiera que ellas sean.

La autosugestión tiene una fuerza incalculable y según las circunstancias puede producir los mejores o los peores resultados. El conocimiento de esta fuerza es muy útil para que podamos obtener beneficios positivos. Cuando la usamos de manera consciente podemos tener la actitud mental positiva para lograr la felicidad y el éxito.

La autosugestión, al actuar sobre el subconsciente, nos ayudará a tener felicidad y a alcanzar el éxito. Cuando usted hace uso de la autosugestión positiva y su subconsciente ha tomado la idea y la ha hecho suya, usted se sorprenderá de los resultados que logrará ya que verá que sucede lo que usted se ha imaginado.

Hay que tener en cuenta que la imaginación y la voluntad son diferentes. Si usted se dice que "quiere algo", pero su imaginación le dice "eso no sucederá", el resultado, muchas veces, no es lo que se quería sino es todo lo contrario. La imaginación tiene mucho más fuerza que la voluntad.

Estudios y experiencias realizadas en Francia, durante más de veinte años, sobre la relación entre la voluntad y la imaginación concluyen en lo siguiente:

1. Cuando la voluntad y la imaginación están en pugna, siempre, sin ninguna excepción, es la imaginación la que prevalece.

2. En el conflicto entre la voluntad y la imaginación, la fuerza de la imaginación está en razón directa al cuadrado de la voluntad.

3. Cuando la voluntad y la imaginación están de acuerdo, una no se agrega a la otra, sino la una se multiplica a la otra.

Realmente las expresiones "en razón directa al cuadrado de la voluntad" y "se multiplica a la otra" no son expresiones matemáticamente exactas sino que quieren hacer resaltar la fuerza de la imaginación con relación a la voluntad.

La autosugestión, bien usada, nos ayudará a obtener todo lo que nos propongamos. Es una herramienta de mucho valor y muy importante para todos nosotros. Mediante la autosugestión podremos "implantar" en nuestro subconsciente todas aquellas ideas positivas, afirmativas, optimistas que nos permitirán lograr todos los objetivos que nos fijemos en cada una de las áreas de la vida.

Use la autosugestión en su beneficio para que así usted logre todo lo que realmente quiere. Tenga confianza en su imaginación y en su subconsciente computador.

Se puede usar la autosugestión mediante la repetición espaciada de las afirmaciones y la visualización. Las afirmaciones y la visualización son herramientas mentales muy poderosas que le ayudarán a conseguir todo lo que se propone.

La repetición espaciada

Como se puede apreciar, el subconsciente juega un rol muy importante en nuestras vidas. Por eso es vital usar nuestro subconsciente computador en forma adecuada y en tal forma que nos pueda ayudar en nuestro camino hacia el éxito y la felicidad. Una de las formas para poder grabar impresiones duraderas en nuestro subconsciente es mediante la repetición.

La repetición se usa tanto en educación como en publicidad y su efecto ha sido comprobado en diferentes estudios. Hay un famoso dicho en publicidad que es: "Nada vende como la repetición". Los publicistas usan la repetición para lanzar mensajes que queden grabados en nuestro subconsciente. Esto lo utilizan las agencias publicitarias principalmente en los avisos televisivos y radiales. Todo mensaje que se repite y se repite queda grabado en nuestra mente aunque nosotros no nos demos cuenta conscientemente de este hecho. La repetición es muy efectiva.

La primera vez que escuchamos algo podemos dudar o puede tomarnos por sorpresa. Pero a la quinta o sexta vez que escuchemos lo mismo nos parecerá más familiar y si lo escuchamos cincuenta veces se grabará en nuestro subconsciente sin darnos cuenta y sin ningún esfuerzo.

Isaac Singer, ganador del Premio Nóbel de Literatura en 1978, expresa: "Si usted continúa diciendo que le van a pasar cosas malas, usted tiene la gran posibilidad de ser un profeta".

De la misma manera, si nos repetimos ideas positivas, pensamientos positivos, sin lugar a dudas, después de un cierto tiempo seremos positivos y actuaremos en todo momento con optimismo, entusiasmo y en forma positiva.

Claude Bristol expresa: "La repetición lleva a la creencia, y una vez que esa creencia se convierte en una convicción profunda, cosas empiezan a suceder".

Mediante la repetición espaciada, poco a poco, nuestro subconsciente almacenará ideas positivas, nuevos conceptos, nuevas verdades y eliminará los temores, las dudas y los prejuicios propios de nuestro condicionamiento mental anterior. Lo que usted piensa hoy, determinará lo que será y hará mañana. Todo lo que sucede en el mundo exterior primero ha estado en la mente. ¡La persona es lo que piensa que es!

Como la repetición juega un papel muy importante, debemos hacer uso de esa herramienta para tener pensamientos positivos que nos ayudarán en nuestro autodesarrollo permanente. Por eso es conveniente que usted lea este libro varias veces, subraye las ideas que más le impacten y después de un cierto tiempo vuelva a leerlo. Cada vez que usted lea este libro, aparecerá una nueva idea que posiblemente pasó desapercibida anteriormente.

Afirmaciones

Una de las formas de hacer un buen uso de la repetición es mediante las *afirmaciones*. Las afirmaciones son pensamientos positivos que si se repiten le ayudarán a transformar sus creencias y actitudes. "Lo que usted dice es lo que obtiene". Este sencillo pensamiento pone en evidencia una de las más importantes herramientas espirituales para el autodesarrollo y superación personal.

Una afirmación es un pensamiento positivo o idea en la que usted se concentra conscientemente para obtener un determinado resultado. La afirmación es una herramienta simple pero de una fuerza extraordinaria que le ayudará a obtener y convertir en realidad lo que usted quiere y cree.

Las afirmaciones trabajan sobre la base de los siguientes principios:

1. Lo que usted obtiene en la vida o lo que es, está en directa relación a lo que usted cree, es decir a sus pensamientos y a sus creencias.

2. Si usted cambia sus pensamientos usted cambia su realidad.

3. Sus pensamientos se expresan a través de la palabra escrita o hablada.

Las afirmaciones se usan en cualquier aspecto de la vida, salud, dinero, trabajo, riqueza, relación personal, autoestima, eliminación de preocupaciones o cualquier logro físico que usted quiera conseguir. El uso de las afirmaciones debe convertirse en hábito.

Todos, en alguna forma, usamos afirmaciones. Los proverbios, que se van transmitiendo de generación en generación son un tipo de afirmaciones. Lo que sucede, casi en la mayoría de los casos, es que usamos afirmaciones negativas que van limitando nuestra capacidad de lograr cosas de gran trascendencia.

La práctica de las afirmaciones que usted ha elaborado le permitirá adoptar nuevas ideas, ser más creativo o creativa, más optimista, más proactivo o proactiva para obtener lo que usted desea.

Cualquier cosa que una persona se repita a sí misma, ya sea falsa o verdadera, acabará por creer en ella y asimilarla.

Ralph Waldo Emerson expresó: "Una persona es lo que piensa que es" y Buda expresó: "Todo lo que somos es el resultado de lo que hemos pensado".

¿Cómo se formulan las afirmaciones?

Se debe usar, siempre, la primera persona, *yo*, en el *tiempo presente*, como si la experiencia estuviese pasando en ese preciso instante y deben ser *positivas*.

Por consiguiente usted debe decir "Yo estoy contento", en lugar de "Yo estaré contento"; "Yo soy feliz", en lugar de "Yo seré feliz".

Recuerde que las afirmaciones deben ser positivas, por ejemplo, no debe decir "Yo no estoy molesto", ya que el subconsciente registra el "no" y "molesto", lo que no es muy claro.

Es importante que usted escriba sus afirmaciones. Una idea buena es escribir sus afirmaciones en tarjetas para que usted las pueda tener cerca.

Después que usted ha escrito sus afirmaciones, debe leerlas varias veces. Es aconsejable acostumbrarse a leer las afirmaciones a la misma ahora del día para que así se convierta en un hábito.

Las afirmaciones se deben repetir diariamente y varias veces. "La afirmación es la madre del aprendizaje", lo dice Douglas Bloch, en su libro *Words that Heal* (*Palabras que curan*).

Cuando usted repite las afirmaciones, está programando su subconsciente computador con las ideas positivas que van a ayudarle a obtener lo que usted desee. Usted está reemplazando ideas negativas por ideas positivas. Cuanto más use las afirmaciones más fuerza tendrán sus pensamientos positivos y más rápidamente usted obtendrá lo que quiere. Sin darse cuenta esas afirmaciones formarán parte de usted mismo y usted será otra persona.

Al comienzo, muy probablemente, tendrá que luchar contra su consciente y contra su escepticismo. Es común. Esto sucede casi siempre al comienzo cuando se está en la etapa de la incredulidad o cuando no se tiene confianza en el poder del uso de las afirmaciones.

Posiblemente, usted pensará que no es posible, que es ridículo, que usted cree sólo en cosas tangibles, que es realista, que actúa en forma pragmática, etc., etc. Esta forma de pensar es consecuencia de su condicionamiento mental formado a través de bastante tiempo. Luche contra esas ideas negativas y haga la prueba. Recuerde, usted tiene todo por ganar y nada que perder.

En el Evangelio de San Marcos (11:24) está escrito: "Por eso les digo: todo lo que pidan, crean que ya lo han recibido y lo obtendrán".

Sea paciente y sea persistente, persevere. Las afirmaciones tienen una fuerza real. Empiece a usar afirmaciones diariamente y durante todos los días de su vida. Escriba sus afirmaciones en tarjetas; haga varias tarjetas; úselas al levantarse, en el baño; tenga una en el automóvil, léalas antes de arrancar el motor; léalas en su oficina antes de empezar a trabajar, léalas en algún descanso que tenga, léalas antes de dormir.

Si usted repite las afirmaciones, su subconsciente las registrará y sabrá que son importantes para usted y saldrán al consciente cuando usted tenga necesidad de ellas. Empiece ahora, hoy día. ¡Tenga confianza! ¡Sí funcionan! ¡Sí trabajan! La fuerza de las afirmaciones es enorme y es real.

Más adelante se dan ejemplos de afirmaciones para diferentes situaciones. Use las que más estén en relación con lo que usted quiere en este momento y después formule sus propias afirmaciones.

La visualización

La visualización es otra de las herramientas de gran importancia para programar su subconsciente computador y lograr lo que deseamos. El subconsciente graba con mayor intensidad las imágenes. De ahí que debamos programar nuestro subconsciente computador con imágenes positivas. Cuanto más clara sea la imagen que nos proyectamos en nuestra mente, mucho más fácil será lograr lo que queremos. La imagen debe ser clara, precisa, corta, detallada y completa.

Proyecte su propia imagen con los mayores detalles posibles, como usted quiere ser. *El ser humano es lo que se imagina que es.* Usted puede lograr lo que se represente en su mente. ¡Si usted lo puede soñar, usted lo puede lograr! Aristóteles expresó: "El alma nunca piensa sin una imagen". Imagine lo que desee, como si ya lo hubiese logrado. Imagínese *teniendo* algo, *siendo* algo o *haciendo* algo como si ya se hubiese realizado. Esto es muy importante, la imagen que usted proyecte debe ser como si usted está ya en poder de lo que quiere. Al comienzo toma un poco de trabajo ya que hay que vencer nuestras ideas negativas y nuestro escepticismo. Cuanto más clara y completa sea la imagen, más fácil será lograr lo que se desea.

Charles F. Kettering, extraordinario inventor, genio de General Motors, expresó: "Nuestra imaginación es el único límite de lo que nosotros podemos esperar tener en el futuro".

Imaginando las cosas que queremos tener y hacer en la vida es el mejor método para cristalizar nuestros pensamientos y así nuestro subconsciente podrá concentrar su atención sobre lo que nosotros queremos.

¡Si se cree en ello, es! ¡Las cosas que desee tener, crea que ya las tiene y las tendrá!

Programe su subconsciente computador y confíe en él.

9

Su potencial ilimitado

No hay límites para la mente humana.

Nosotros somos hechos a imagen y semejanza de Dios. Por eso tenemos la capacidad de lograr lo que queramos en esta vida. Todos tenemos la posibilidad de desarrollar nuestras habilidades y talentos al máximo. Todo lo que seamos capaces de imaginar y visualizar será posible de lograr.

Charles M. Schwab, asesor financiero, presidente de la corporación Charles Schwab, expresó: "Cuando un hombre pone límites a lo que hará, ha puesto un límite en lo que podrá hacer".

Muchas de las barreras que limitan nuestro accionar y nuestro logro son barreras mentales que nosotros mismos, en algún momento, nos hemos puesto. No permitamos que esas barreras que hemos edificado frustren nuestros logros. Hay que eliminar las barreras mentales que tenemos para poder disfrutar de la vida a plenitud. Si usted piensa que puede, puede.

También es cierto que las semillas por sí solas no dan fruto; tienen que ser plantadas en tierra fértil. Las semillas requieren nutrientes, agua, luz, calor, etc., para convertirse en una planta y dar frutos o flores. Igualmente las habilidades y talentos que tenemos, que están latentes, necesitan de acción, dedicación, planeamiento y metas para poder dar sus frutos.

Cualquier cosa que usted pueda visualizar y querer, puede ser suya si usted se lo propone, se fija una meta y actúa en esa dirección.

El Dr. Maxwell Maltz escribió en su libro *Psyco-Cybernetics* (*Psicocibernética*) lo siguiente: "Usted tiene el poder de crear cambio. El poder de esta idea reside en la noción que cada uno de nosotros es capaz de tomar control de nuestra autoimagen y programar nuestro sistema automático en dirección hacia el éxito".

Un mundo lleno de abundancia

En el mundo hay gran abundancia. Esto es una realidad, convénzase, hay gran abundancia en todo lo que nos rodea y también hay abundancia dentro de nosotros mismos.

Cuando observamos la naturaleza, podemos apreciar abundancia y nos maravillamos de ello. En la bóveda celeste hay millones y millones de estrellas, muchas aún sin descubrir. En los océanos, mares, ríos y lagos hay millones y millones de peces de diversas especies que continuamente se están reproduciendo. La flora terrestre y marina está compuesta de millones y millones de especies y variedades. La fauna terrestre y marina, igualmente, está compuesta de millones y millones de especies. En la tierra misma hay gran variedad de minerales, metales y abundancia de hidrocarburos. En el aire que nos rodea hay abundancia de oxígeno y de otros gases. Hay, pues, en nuestro mundo gran abundancia.

Usted vive en un mundo de abundancia. Usted, yo y todos deberíamos aprovechar al máximo de esa gran abundancia existente en el universo y que está a disposición de todos nosotros. Si usted va a una playa y quiere recoger arena, ¿cómo lo hace?, ¿recogerá la arena con una cucharita de té o con un balde grande? ¿Se da cuenta? Lo que usted obtenga de la vida va a depender de cómo lo hace usted.

Pero, primero, para poder usufructuar de esa abundancia debemos reconocer que es así. Todos, igualmente, tenemos dentro de nosotros mismos una gran abundancia de recursos mentales y espirituales que debemos usar para realizarnos a plenitud como seres humanos creados a imagen y semejanza de Dios. El potencial ilimitado que usted posee es parte de la gran abundancia que existe en este mundo.

El Dr. Wayne Dyer, en su libro *Real Magic: Creating Miracles in Everyday Life* (*Mágica Real: Creando Milagros en la Vida Diaria*) expresa: "Dese cuenta que no hay límites".

- El poder de la mente es enorme.
- Nosotros podemos crear pensamientos.
- De los pensamientos viene la completa dirección de nuestras vidas.
- Actuamos sobre la base de nuestros pensamientos.
- Nosotros nos convertimos en lo que pensamos ser todo el día.
- Nuestras vidas son lo que nuestros pensamientos crean.

La habilidad de desarrollar el potencial ilimitado que poseemos no está reservada sólo para el uso exclusivo de algunos cuantos privilegiados con dotes especiales o de algunos cuantos elegidos. Está disponible dentro de nosotros mismos para que hagamos uso de ese potencial. Está al alcance de nosotros. Sólo depende que nos decidamos a usarlo. Si sólo depende de nosotros mismos es una gran responsabilidad que tenemos para hacer uso de ese potencial ilimitado. Si no lo usamos apropiadamente habremos desperdiciado uno de los grandes dones que los seres humanos hemos recibido.

Claude Bristol expresa: "El mundo está lleno de personas que han trabajado fuerte pero que tienen muy poco que mostrar por ello. Es necesario algo más que trabajo fuerte: se llama pensamiento creativo y una creencia firme en su habilidad para ejecutar sus ideas. Las personas de éxito en la historia han tenido éxito por medio de sus pensamientos".

Depende única y exclusivamente de usted el poder usar, de la mejor manera posible, ese gran potencial que está dentro de usted y que está esperando que lo use. Usted, con su mente, puede lograr todo lo que desea.

¿Cuáles son sus límites?

En realidad, hasta el momento, no hay manera de poder determinar por ningún medio de investigación cuál es la real capacidad de ese potencial que está latente dentro de usted. También es cierto que todavía nadie, hasta este momento, ha logrado la perfección en ningún campo o actividad de la vida. Cuando, a veces, parece que se ha llegado al límite o se está llegando al límite en algo, muy pronto aparece una persona que supera los logros anteriores para demostrar que siempre se puede lograr algo mejor.

Esto es fácil de apreciar en las competencias deportivas o atléticas de las diversas especialidades. En los modernos Juegos Olímpicos así como en los Campeonatos Mundiales podemos darnos cuenta que cada cuatro años los atletas y deportistas en general superan las marcas logradas en las competencias anteriores. Algunas veces, en algún momento dado, en un determinado evento alguien ha pensado que ya se había llegado al máximo, pero poco tiempo después hay alguien que supera esa marca, ya sea yendo más rápido, saltando más lejos o más alto, lanzando más lejos, levantando más peso o haciendo algo con mayor precisión o destreza. Siempre, siempre se puede lograr algo mejor. Esto es una realidad de la vida humana.

La superación constante del ser humano también se puede apreciar con los avances tecnológicos. Prácticamente, a cada momento, tomamos conocimiento de los adelantos en medicina, genética, electrónica, mecánica, telecomunicaciones, etc.

La posibilidad de superación es una condición intrínseca del ser humano. Siempre hay la posibilidad de ser mejor y de hacer mejor.

Por eso, en la parte espiritual, en la capacidad de su mente, siempre puede hacer algo mejor o puede ser mejor en una tendencia hacia el ideal, hacia la perfección que nunca se logrará. Esto nos hace conscientes de que siempre podemos superarnos en lo que deseamos. Lo mejor de cada persona está siempre por lograrse. Lo mejor de usted, cualquiera que haya sido su logro hasta este momento, todavía está por realizarse.

Pero, ¿cuáles son sus límites? Nadie conoce los reales límites de la capacidad humana. No sabemos cuánto podamos lograr si realmente hacemos uso de ese potencial latente que está dentro de nosotros mismos.

Lo que sí es cierto es que usted posee una sorprendente abundancia de habilidades y talentos que todavía no ha hecho uso de ellos o que todavía no los ha explorado y que muchas personas ni siquiera saben que poseen dentro de sí. Lo que usted ha hecho hasta este momento es apenas una muestra de lo que usted puede lograr si hace uso al máximo de su potencial.

A veces no nos damos cuenta de la abundancia que nos rodea y que muchas veces se inicia en algo relativamente pequeño. Los colores que usan los pintores en sus cuadros para crear obras de arte se originan en los colores básicos del arco iris, rojo, amarillo y azul. Las sinfonías más melodiosas tienen su origen en sólo ocho notas. Las más grandes obras literarias tienen su origen en unas cuantas letras del alfabeto.

El logro de algo de valor se obtiene haciendo uso de las cosas simples, sencillas, que tenemos a nuestra disposición todos los días. No hay que esperar que haya algo verdaderamente extraordinario para hacer algo de gran valor. Nosotros podemos lograr algo extraordinario con cosas simples, sencillas, tales como una mirada amable, una sonrisa agradable, un cálido apretón de manos, un abrazo afectuoso, una palabra adecuada en el momento oportuno, una actitud positiva y optimista hacia la vida, confiando en sí mismo o en sí misma y confiando en los demás, dando de sí a otras personas.

Ena Ferrell y Paul C. Ferrell, en su libro *The Subconscious Speaks* (*El Subconsciente Habla*), expresan: "Hay una facultad, desarrollada o no, que está durmiendo en cada ser humano que podrá capacitar a ese individuo en particular a tener éxito, si el deseo de éxito está presente en su mente consciente".

Cuando consideramos las posibilidades de lo que podemos lograr es verdaderamente asombroso. En la vida, sólo muy pocas personas logran la felicidad completa en las diferentes áreas de la vida. En cambio, la gran mayoría de los seres humanos tiene problemas y a veces trabajan mucho y logran muy poco. Posiblemente son muchas las razones de esta situación, pero todas están relacionadas con el poco conocimiento que tenemos de nosotros mismos.

La primera y gran razón para no desarrollar al máximo nuestro potencial es que quizá nosotros colocamos límites muy pequeños en nuestras mentes y no confiamos en la capacidad de nuestro subconsciente computador. Nadie podrá lograr algo si es que primero no se lo ha fijado en su mente. Usted no puede ser más de lo que usted se representa en su mente.

Pese a la gran abundancia existente en la naturaleza y en la vida, las expectativas de muchas personas son muy reducidas, limitadas, minúsculas. En la gran mayoría de personas, hay una cierta complacencia con lo que se es, con lo que se ha logrado, y por eso tienen aspiraciones muy limitadas o, peor aún, no tienen aspiraciones. Ellos o ellas esperan muy poco de la vida y por lo tanto obtienen muy poco. La actitud negativa que tienen esas personas hacia la vida hace que no puedan obtener grandes logros al no comprender que estamos rodeados de abundancia y que hay abundancia dentro de cada persona.

El éxito y la felicidad están a disposición de las personas que hacen uso de lo que tienen dentro de sí mismas.

Atrévase a pensar en grande

En estos momentos se construyen carreteras, puentes, edificios, maquinarias, cohetes, embarcaciones en gran escala pero edificamos nuestras vidas en mediocridad. Usted no ha sido creado, usted no ha venido a este mundo para tener un destino mediocre. Su potencial es ilimitado. Usted se fija sus propios límites. Atrévase a pensar en grande. Atrévase a destruir las barreras que posiblemente están en su mente colocándole límites muy cortos. Amplíe su horizonte. Atrévase a ver lejos, muy lejos.

El éxito es personal y sólo debe medirse los resultados que usted es capaz de lograr. No hay que emular o tratar de emular a héroes o heroínas que pueden estar lejos de nuestro alcance. En todos los países se colocan a los héroes en pedestales para que sean admirados y para que sirvan de estímulo al resto de personas.

Muchas veces las habilidades de los gigantes de la historia y de aquellos que no lo son tienen diferencias pequeñas. La diferencia fundamental reside en la aplicación de esas habilidades para lograr un propósito definido.

Convénzase, hay imaginación, creatividad y genialidad en usted si se atreve a usarlas. Cuando deja de lado toda atadura o prejuicio que está frenándolo o frenándola, usted puede alcanzar metas que conviertan sus sueños en realidad. Esto se logra con un programa para fijar metas y una acción decidida.

Brian Tracy, experto motivador, expresa: "Usted tiene disponible, ahora mismo, una supercomputadora poderosa. Esta poderosa herramienta ha sido usada a través de la historia para llevar a personas de los andrajos a la riqueza, de la pobreza y oscuridad al éxito y a la fama, de la infelicidad y frustración al gozo y realización completa, y puede hacer lo mismo por usted". "Usted tiene dentro de su ser, ahora mismo, todo lo que usted necesita para tratar todo lo que el mundo le depare".

La única carencia de oportunidad que existe en este mundo es aquella que usted mismo se ha fijado. Cuando usted se limita, está frenando e impidiendo que su potencial se libere. Repita esta frase que está comprobada que funciona: "Pide y recibirás, busca y encontrarás, toca la puerta y ésta se abrirá". Esta frase, con su mensaje profundo, le facilitará el plan para la fijación y logro de sus objetivos.

Una de las grandes oportunidades que usted tiene es que puede empezar, ahora, de nuevo. Ahora puede dar inicio a su carrera hacia el éxito y la felicidad.

Cada día es nuevo amanecer y un nuevo comienzo. Cada día dé gracias por la oportunidad que nuevamente tiene para autorrealizarse. Cada día, con actitud positiva esté atento a las oportunidades que pasarán delante de usted. El pasado, el ayer, pasado está y no se puede hacer absolutamente nada al respecto. Ni usted, ni nadie puede cambiar al pasado. No pierda tiempo lamentándose por lo que no hizo en el pasado. Usted tiene control sobre lo que puede hacer hoy y sobre lo que puede lograr mañana. Hay una gran cantidad de oportunidades que están esperando que usted las aproveche. Espere cada día con gran expectativa, con una expectativa positiva y optimista, con confianza, con fe. Repita: "Este es el día que el Señor ha hecho; Yo disfrutaré y estaré feliz en él". Repita esta verdad cada mañana y verá como las oportunidades se le presentarán; y, mejor aún, se dará cuenta de que hay muchas oportunidades que están esperando ser aprovechadas.

Orison Swett Marden expresa: "Hay poderes dentro de usted; si usted puede descubrirlos y usarlos, harán de usted todo lo que usted ha soñado o imaginado ser".

Recuerde que su éxito es personal y por lo tanto no puede comparar lo que usted hace o logra con lo que hacen y logran otras personas. Usted es único en este mundo. La única medida de su éxito está en función de lo que es ahora y en lo que se convertirá.

Muchas personas que reconocen la existencia de un potencial interno y el valor de las oportunidades no hacen nada al respecto. Esto sucede porque no reconocen que el éxito siempre significa progreso, desarrollo y cambio.

¿Cuántas veces ha escuchado a alguien decir "así soy yo y nada me hará cambiar"? Es realmente trágico que muchas personas piensen que no pueden cambiar y que son incapaces de desarrollar y obtener diferentes resultados a los que ha estado teniendo hasta este momento. Si creen que no pueden cambiar, no cambiarán y seguirán iguales el resto de sus vidas.

Usted puede ser mejor

El progreso, el desarrollo y el cambio son inherentes a la vida misma. ¿Es usted acaso el mismo o la misma de hace cinco o diez años? ¡Por supuesto que no! Hay que aceptar esta realidad y no hay que tener temor a lo desconocido ni a lo por venir.

Cuando usted se convierte en una persona que tiene objetivos claramente fijados en las diferentes áreas de la vida, usted se convierte en una persona que está esperando el progreso, el desarrollo y el cambio.

Cada día tendrá más conocimiento, más experiencia y podrá reconocer mejor las oportunidades que están esperando por usted. Aprovéchelas.

Norman Vincent Peale, autor de 46 libros de motivación, expresa: "Independientemente de todo lo que ha hecho para lograr sus metas, usted puede hacer aún más; a todas las metas que ya ha logrado usted puede agregar otros objetivos. Lo mejor, lo mejor que usted puede ser está por ser".

Expanda su imaginación, piense en grande, confíe en su subconsciente computador, fíjese metas que sean verdaderos retos a su capacidad y creatividad. Usted poco a poco tendrá una visión mucho más clara de lo que quiere ser y quiere lograr trabajando en su plan de acción para alcanzar las metas que usted mismo se ha fijado.

Usted puede ser lo que quiere ser.
Usted puede tener lo que quiere tener.
Usted puede hacer lo que quiere hacer.

10

La actitud para triunfar

Si cree que puede hacerlo, puede hacerlo.
Es el espíritu sobre la materia.

Vernon Wolfe

El célebre Napoleón Bonaparte, genio francés de la estrate-
gia militar clásica del siglo diecinueve, expresó: "En la tierra hay dos poderes, el poder del espíritu y el poder de la espada. Y el poder del espíritu vence al poder de la espada".

La fuerza del espíritu, la fuerza de la mente, es muy superior a todas las otras fuerzas que están al alcance del ser humano. Es indudable que la mente, el espíritu, tiene poderes
extraordinarios para lograr el éxito y la felicidad. Esos poderes son reales y usted tiene que tener conciencia de ello.

Para hacer uso correcto de esa extraordinaria energía que
posee, debe tener una actitud mental adecuada que le permita exteriorizar esa gran fuente de energía. De usted depende
que esa fuerza motriz poderosa trabaje para usted o que, por
el contrario, continúe aletargada por el resto de sus días.

Usted es lo que es y está donde está debido a los pensamientos que dominan su mente. Mediante su actitud usted crea su ambiente mental, emocional y físico. La actitud es un hábito del pensamiento y los hábitos se pueden adquirir.

Muriel James y Dorothy Jongeward, en el libro *Born to Win* (*Nacido para Ganar*), expresan: "Que en la vida hay ganadores y perdedores. Los ganadores no tienen miedo a su propio pensamiento ni al uso de su conocimiento. Los ganadores pueden separar los hechos de las opiniones y no pretenden tener todas las respuestas. A pesar de dificultades los ganadores mantienen una básica autoconfianza". "Los perdedores son dependientes del medio. Los perdedores en algún momento de sus vidas evitan ser responsables de sus propias vidas". "Los perdedores destruyen el presente pensando en memorias pasadas o en expectaciones futuras".

Haciendo uso correcto de nuestro pensamiento, podemos ser los grandes ganadores en este gran juego de la vida.

Importancia de la actitud positiva

Para estar en condiciones de hacer el mejor uso de nuestra capacidad mental y sacar el máximo de provecho de esa energía que tenemos, debemos tener la actitud mental correcta. Esa actitud es la actitud mental positiva.

Sólo la actitud positiva, la actitud constructiva, lo conducirán hacia el éxito y la felicidad. ¡El éxito lo consiguen las personas que lo intentan! Piense usted en esta idea profunda: ¡El éxito lo consiguen los que lo intentan! Es así, es real, por eso es que usted debe grabarse ese pensamiento y por eso debe intentar tener éxito. Para tener éxito hay que querer tener éxito.

Aristóteles lo expresó de esta manera: "Nosotros somos lo que repetidamente hacemos. Por lo tanto, la excelencia no es una acción, es un hábito".

Está demostrado que la actitud es muy importante para lograr algo en la vida. La actitud correcta es determinante para la persona que quiere emprender una acción y obtener logros concretos pese a las dificultades que pueda encontrar. La actitud, definitivamente, es más importante que la aptitud. Una persona con muchas aptitudes si no tiene la actitud correcta no logrará nada significativo. Por el contrario, una persona con la actitud correcta, con actitud mental positiva, puede lograr todo lo que se propone.

Si usted piensa que tiene éxito se convertirá en una persona de éxito. Si usted piensa como un triunfador pronto se convertirá en un triunfador. Recuerde siempre que la actitud es más importante que la aptitud. Hay estudios que demuestran que la actitud en las personas de éxito representa el 80 por ciento mientras que la aptitud sólo el 20 por ciento.

William James, psicólogo estadounidense, después de una serie de estudios llegó a la conclusión que el ser humano puede alterar su vida modificando su actitud. "El gran descubrimiento de mi generación es que el ser humano puede modificar su vida cambiando las actitudes de la mente". Esto quiere decir que las personas pueden modificar su actitud. Una actitud indiferente, incrédula, pesimista puede ser modificada. La actitud positiva, optimista, es valiosa para obtener lo que se quiere en la vida.

Importancia del optimismo

El optimismo es la expectativa generalizada que sucederán cosas buenas. El ejemplo clásico entre la actitud mental de un optimista y la de un pesimista es la apreciación que tienen ambos ante un vaso de agua que está a la mitad. El optimista dirá que el vaso está medio lleno y el pesimista dirá que el vaso está medio vacío. Esta diferente apreciación sobre las cosas de la vida es determinante para alcanzar el éxito y la felicidad o para ser un incrédulo, amargado o infeliz.

En el Antiguo Testamento, en los Libros de Deuteronomio (1:28) y Josué (1:9), hay unos pasajes muy interesantes sobre optimistas, pesimistas y los que no tienen miedo de actuar. Cuando estaban cerca de la Tierra Prometida, Moisés envió a doce espías para efectuar un reconocimiento. Cuando los espías regresaron informaron unos en forma optimista ("La tierra que el Señor nuestro Dios nos da es magnífica") y otros en forma pesimista ("Allí hay gente más poderosa y alta que nosotros, y grandes ciudades rodeadas de altísimas murallas y hasta vieron descendientes del gigante Anac").

Ante estas dos diferentes observaciones, la mayoría tuvo miedo, no tuvo fe y contagió a todos y no se decidieron a pasar a la Tierra Prometida y tuvieron que pasar muchos años caminando alrededor de las montañas. Después de la muerte de Moisés, Caleb y Josué, optimistas, con fe, decidieron, actuaron y llegaron a La Tierra Prometida. Dios le dijo a Josué: "No tengas miedo ni te desanimes porque Yo, tu Señor y Dios, estaré contigo dondequiera que vayas".

En esta historia podemos apreciar que el pesimismo es contagioso y dañino y que, generalmente, es el sentimiento de la mayoría de las personas. Sólo una minoría es la que actúa sin miedo y son las personas optimistas, las que alcanzan la cumbre.

La optimista es aquella persona que tiene actitud mental positiva, actúa con fe, con absoluta confianza, con confianza en sí mismo, con confianza en los demás y cuando habla transmite ideas, noticias, situaciones positivas. La pesimista, por el contrario, es la persona desconfiada por naturaleza y está a la espera de resultados negativos y, por lo tanto, es quien está propagando los desastres, las desgracias. Está enviando ondas negativas con sus comentarios o su actitud.

Posiblemente usted conoce a alguien que supuestamente le quiere "ayudar" y que siempre hace de "abogado del diablo" para hacerle ver la "realidad". A todas las ideas que usted le presenta, ese "abogado del diablo" les encuentra mil y un problemas y dice que lo hace porque tiene la intención de ayudarle. Los que hacen de abogados del diablo, en el fondo, son personas pesimistas que se resisten a reconocer alguna idea buena o que tienen dudas de la capacidad de otras personas. Aléjese de esos abogados del diablo ya que la actitud de ellos, en el fondo, es dañina, ya que es negativa. La actitud mental negativa también tiene fuerza.

Las actitudes son contagiosas. Si se actúa con actitud correcta, con actitud mental positiva, con optimismo, se transmitirá, "se contagiará" entusiasmo y optimismo. Si se actúa con una actitud pesimista se transmitirá, "se contagiará", pesimismo, duda y desconfianza. El pesimismo es como una plaga. Lo interesante es que las personas pesimistas pueden cambiar de actitud si es que se lo proponen. En realidad, en el fondo, nadie quiere ser pesimista.

El Dr. Alan Loy McGinnis, psicoterapeuta y director del Valley Counseling Center de Glendale, California, autor de varios libros, en su obra *The Power of Optimism* (*El Poder del Optimismo*), expresa: "Estudios recientes muestran que los optimistas sobresalen en las escuelas, tienen mejor salud, obtienen más dinero, tienen matrimonios duraderos y felices, mantienen contacto con sus hijos y posiblemente vivan más".

El psicólogo Martin E. P. Seligman, quien ha estudiado mucho sobre lo que él llama el "estilo explicatorio" de optimistas y pesimistas, expresa: "Literalmente, cientos de estudios muestran que los pesimistas abandonan más rápidamente y se deprimen más a menudo. Estos experimentos también muestran que los optimistas rinden mucho mejor en la escuela, en la universidad, en el trabajo y en el campo deportivo. Poseen buena salud. Su edad es llevada mejor que la mayoría de nosotros, libre de las enfermedades físicas usuales de la mediana edad. La evidencia sugiere que aún pueden vivir más".

Optimista es aquella persona que no se deja sorprender por los problemas, que siempre está en búsqueda de soluciones, que está convencida que tiene control sobre su futuro, que usa su imaginación para encontrar la mejor solución, que rechaza siempre las ideas negativas, que tiene gran adaptabilidad, que acepta lo que no se puede cambiar y que tiene gran capacidad de amar.

Para ser optimista hay que considerarse capaz de resolver los problemas y que cada problema es como una prueba para demostrar su capacidad de enfrentarse a él y de resolverlo. Para encontrar la mejor solución es conveniente analizar varias opciones. El optimista encuentra en cada problema una oportunidad.

En el saludo diario que damos a otras personas al encontramos con ellas podemos transmitir nuestra actitud mental positiva si contestamos a la pregunta "¿Cómo estás?" con un enfático "¡Estoy muy bien!". Esto transmite optimismo, entusiasmo, alegría, felicidad. Las personas que contestan "¡Más o menos!" o "Regular" están transmitiendo una actitud un tanto quejumbrosa y negativa.

Importancia de la esperanza

La esperanza es una expectativa de éxito con relación a las metas. La esperanza está compuesta de un deseo por un resultado esperado y por una expectativa positiva de lograr dicha meta. La esperanza se refuerza con una efectiva motivación y con la habilidad de crear planes efectivos para lograr las metas.

Según estudios realizados en la Universidad de la Ciudad de Nueva York, publicados en el *Journal of Social Behavior and Personality* (*Revista del Comportamiento Social y Personalidad*) en 1997, se llega a la conclusión que las personas que tienen esperanza tienen más motivación para lograr una meta y más planes de acción alternativos que las personas con poca esperanza.

Las personas con esperanza actúan con la expectativa de tener éxito mientras que las personas con poca esperanza avanzan hacia la meta con duda y vacilación, pensando que pueden fracasar. También, el estudio indica que las personas que tienen más esperanza tienen más metas y metas más difíciles que las personas con poca esperanza.

Hay que querer tener éxito

"La grandeza está reservada para aquellos que tienen un ardiente deseo de alcanzar altos objetivos" y "el éxito lo alcanzan y lo conservan quienes lo intentan y lo siguen intentando con una actitud mental positiva". Esto lo expresan Napoleon Hill y W. Clement Stone en *La Actitud Mental Positiva: Un Camino Hacia el Exito*.

Es importante que usted quiera alcanzar el éxito. *Querer* triunfar es vital para tener éxito. Un deseo ferviente de *querer* lograr un objetivo debe apoderarse de su espíritu. Casi debe convertirse en una sublime obsesión. Piense en grande. Apunte alto. Su poder mental no tiene límites. Recuerde que todo empieza en la mente.

Michael Korda, en su libro *Success!* (*¡Exito!*), expresa: "Usted debe querer tener éxito más que cualquier cosa, y usted debe empezar inmediatamente desde donde está". "Si usted quiere tener éxito, usted tiene que desarrollar una pasión real por ganar".

El éxito es un derecho natural del ser humano. No hacer uso de él es absolutamente tonto. ¡Todo depende de usted! ¡Todo aquello que usted puede concebir, usted lo puede realizar!

Claude M. Bristol, en su libro *The Magic of Believing* (*La Magia de Creer*) dice: "Lo que usted desee ser, lo puede lograr si es que usted tiene la voluntad de convertirlo en un deseo ardiente en su vida. Lo primero que tiene que determinar es precisamente qué es lo que usted quiere. Usted debe tener una idea fija antes de obtener lo que quiere".

La capacidad que usted tiene para alcanzar la felicidad, lograr el desarrollo, hacer uso de su creatividad no tiene límites. Tal como lo indica el Dr. Wayne Dyer: "El cielo es el límite para las capacidades de los seres humanos".

La capacidad de desear el éxito y lograrlo se basa en el principio de tener control sobre todo lo que usted piensa y hace. Si usted quiere tener éxito va a tener éxito. Depende de usted y sólo de usted.

El Dr. David G. Myers, en su libro *The Pursuit of Happiness* (*La Búsqueda de la Felicidad*) expresa: "Todo lo que pensamos, hacemos y sentimos es generado por lo que pasa dentro de nosotros. Nosotros siempre tenemos el control sobre lo que hacemos". "Nada de lo que hacemos es causado por lo que pasa afuera de nosotros. Si creemos que lo que hacemos es causado por fuerzas externas, estaríamos actuando como máquinas muertas, no como personas vivientes".

Usted debe tener una voluntad de triunfo muy intensa. Mantenga sus ambiciones positivas funcionando a toda máquina, a todo vapor, trabajando con inteligencia y con ahínco, trabajando con tesón con la mira siempre puesta en los objetivos que desea lograr.

Recuerde lo que dijo Thomas A. Edison: "El éxito se basa en la imaginación más la ambición y la voluntad de trabajar".

Hay que creer que se puede obtener el éxito

Usted debe creer que es capaz de triunfar y de tener éxito. Debe tener confianza en sí mismo, esa confianza que le permitirá vencer cualquier obstáculo que se le presente y tener el coraje, el valor necesario, para perseverar hasta lograr el objetivo que usted mismo se ha fijado. Siempre se van a presentar algunos obstáculos en el camino hacia el éxito, es una situación normal. Los obstáculos que usted encontrará, son verdaderas pruebas para determinar si realmente usted quiere lograr lo que se ha propuesto.

La perseverancia juega un rol de gran importancia. Hay que perseverar hasta lograr lo que uno se ha propuesto. Una de las razones más comunes para no alcanzar el éxito es que muchas personas abandonan cuando están, sin darse cuenta, muy cerca de la meta que se habían propuesto. Hay innumerables ejemplos de personas que abandonaron cuando ya estaban muy cerca de alcanzar las metas que se habían fijado. Por eso, recuerde siempre que la perseverancia es muy importante para continuar, pese a los obstáculos, hasta alcanzar el objetivo.

Calvin Coolidge, trigésimo presidente de Estados Unidos de 1923 a 1929, escribió: "No hay nada en el mundo que pueda sustituir a la persistencia. El talento no lo hace, tampoco el genio y la educación no la sustituye".

Winston Churchill expresó que el secreto más grande para triunfar es: "¡Nunca, nunca, nunca, nunca darse por vencido!"

"El hombre o mujer es lo que piensa que es". En la Biblia está escrito: "El hombre es lo que piensa en el fondo de su corazón". Usted debe creer que sí puede. Debe tener fe y confianza en sí mismo. La fe y la confianza son fuentes para alcanzar el triunfo. ¡Hay que tener fe y confianza en sí mismo para triunfar, para moverse, para ir hacia adelante, para mover a los demás.

A través de la historia de la humanidad, vemos que las personas que han triunfado han tenido fe. Todos los grandes inventos y todos los grandes descubrimientos provienen de la fe, de la creencia, de la confianza en sí mismo, en sus ideas, en su habilidad para llevarlas a cabo pese a la indiferencia o incredulidad de otras personas.

Haga que la fuerza de voluntad, la fe, la confianza, la creencia trabajen en favor suyo todas las horas del día, las veinticuatro horas del día y durante todos los 365 días del año.

¡Usted debe creer que puede! ¡Todo es posible para la persona que cree!

Claude Bristol, premio Nóbel de Medicina, estudioso del poder de la mente, lo resume genialmente de la siguiente manera: "¡Si se cree en ello, es!". La esencia del poder de la fe, del poder de creer, está en uno mismo.

¡Si usted cree que puede, puede!

La actitud mental positiva, el querer lograr algo, tener confianza en sus propias habilidades y el actuar en forma decisiva son fundamentales para lograr el éxito en la vida. Hay que hacer uso adecuado de la iniciativa personal, de autodisciplina, de concentración en lo que se está haciendo, dedicación de tiempo y recursos, entusiasmo, inteligencia, creatividad y valores morales.

La acción: el factor vital para tener éxito

La acción es vital para tener éxito. Hay que tomar acción sin pérdida de tiempo. Hay que evitar la costumbre de posponer todo para cuando vengan tiempos o condiciones mejores.

Un viejo proverbio chino dice: "Hasta un largo viaje de miles de kilómetros, empieza con un primer paso". Usted ni nadie puede hacerlo todo en un solo día, pero sí puede empezar *hoy* y ese es el primer gran paso. Y mañana otro paso y luego otro y otro y así sucesivamente hasta obtener lo que se ha propuesto.

Haga desaparecer las dudas de su mente manteniéndose ocupado u ocupada y dando paso tras paso hasta lograr convertir sus sueños en realidad. Actúe hoy, en este momento. Hoy es el día para actuar. Recuerde que usted tiene control solamente de lo que puede hacer hoy.

La acción es indispensable para alcanzar los objetivos. No hay que dejar las cosas para el mañana, porque cuando se acostumbra a posponer las cosas, el mañana nunca llega.

¿Cuál es el momento más adecuado para empezar algo? Hoy es el momento más adecuado para empezar. El primer paso, el empezar es siempre muy importante. Después del primer paso usted dará el segundo y luego el tercero y así sucesivamente hasta tener la satisfacción de llegar a la meta que usted mismo se ha fijado.

El poeta alemán Johann Wolfgang Goethe tiene un pensamiento muy interesante sobre la acción que es conveniente recordar:

¡Lo que usted puede hacer, o cree poder, comiéncelo!
El valor tiene belleza, poder, magia en sí mismo.
¡Bastará con comenzar y después el cerebro proseguirá!
Comiéncelo y su tarea será completada.

Para actuar hay que empezar. Actúe hoy —en este momento— y así habrá dado un gran primer paso para obtener éxito.

Recuerde que el éxito lo logran sólo las personas que lo intentan. Vale la pena intentar. No se pierde nada y sí se puede ganar mucho. Inténtelo ahora. Al intentar con una actitud mental positiva, con alegría de vivir, con confianza, está luchando para lograr su felicidad y alcanzar el éxito.

El Dr. Frank Crane escribió, hace más de 70 años, un programa de acción muy interesante, de mucha profundidad, de gran utilidad y que ha dado maravillosos resultados. Dicho programa se menciona a continuación, sígalo y usted tendrá la actitud mental necesaria para triunfar en la vida.

Solo por hoy
Sólo por hoy seré feliz. La felicidad es algo interior; no es asunto de afuera. Es verdad lo que dijo Abraham Lincoln: "la mayoría de las personas son tan felices como decidan serlo".
Sólo por hoy, cuidaré mi organismo.
Lo ejercitaré, lo atenderé, lo alimentaré, no abusaré de él ni lo abandonaré, en forma que sea una perfecta máquina para mis cosas.
Sólo por hoy, trataré de vigorizar mi espíritu.
Aprender algo útil. No seré un holgazán mental.
Leeré algo que requiera meditación y concentración.
Sólo por hoy, ejercitaré mi alma de tres modos.
Haré a alguien algún bien sin que él lo descubra.
Y haré dos cosas que no me agrada hacerlas, sólo por ejercitarme.
Sólo por hoy, seré agradable.
Tendré el mejor aspecto que pueda, me vestiré con la mejor corrección a mi alcance, hablaré en voz baja, me mostraré cortés, seré generoso en la alabanza, no criticaré a nadie, no encontraré defectos en nada y no intentaré dirigir o enmendar la plana al prójimo.
Sólo por hoy, trataré de vivir únicamente este día, sin abordar a la vez todo el problema de la vida.
Puedo hacer en doce horas cosas que me espantaría si tuviera que mantenerlas durante toda una vida.
Sólo por hoy, tendré un programa.
Consignaré por escrito lo que espero de cada hora.
Eliminaré dos plagas: la prisa y la indecisión.

Sólo por hoy, tendré media hora de tranquila soledad y descanso. En esta media hora pensaré en Dios, a fin de conseguir una mayor perspectiva de la vida.

Sólo por hoy, no tendré miedo y especialmente no tendré miedo de ser feliz, de disfrutar de lo bello, de amar y de creer que a los que amo me aman.

Recuerde: ¡El éxito lo consiguen aquellos que lo intentan! y ¡El hombre o mujer es lo que piensa que es! Son dos pensamientos que debemos tener siempre presentes para tener la actitud mental positiva necesaria para ser felices y alcanzar el éxito

John Ruskin, escritor inglés del siglo diecinueve, tenía en su escritorio una piedra que estaba grabada con una sola palabra, con la palabra *hoy*. Hoy es lo más importante. Hoy es el día para la acción. Hoy hay que actuar.

El poeta indio Kalidasa, del siglo uno antes de Cristo, escribió el poema titulado "Salutación al Alba". En ese poema hay ideas muy bellas sobre lo importante que es el hoy, para así poder disfrutar de cada día de la vida. La vida es el don maravilloso que todos tenemos.

Salutación al Alba
¡Mira este día!
Porque es la vida, la mismísima vida de la vida.
En su breve curso están todas las verdades y
realidades de tu existencia.
La bendición del desarrollo, la gloria de la acción,
el esplendor de las realizaciones.
Porque el ayer es sólo un sueño
y el mañana sólo una visión.
Pero el *hoy* bien vivido hace
de todo ayer un sueño de felicidad.
Y de cada mañana una visión de esperanza.

¡Mira bien, pues, este día!
Tal es la salutación del Alba.

Hay algo paradójico entre el triunfar y el fracasar. ¿Cuál es más fácil de lograr? Hay que tener en cuenta que cuesta menos trabajo triunfar que fracasar. Cuesta menos tiempo lograr el éxito si usted concentra sus pensamientos y esfuerzos en aprender mucho sobre una sola cosa para convertirse en un experto, que si disipa sus energías tratando de aprender un poco sobre muchas cosas.

Dicho de otro modo: el fracaso significa que se ha trabajado intensamente por nada. Con menos trabajo dirigido sistemáticamente, se habría triunfado.

Para lograr lo que se quiere en este gran juego de la vida hay que tener siempre la actitud mental adecuada para triunfar. La actitud mental positiva, el optimismo, la esperanza, la confianza, la determinación, la perseverancia y la acción constructiva son indispensables para tener éxito en la vida.

La fuerza de las expectativas

Las expectativas sostenidas por un período de tiempo tienen la capacidad de afectar nuestra actitud y la actitud tiene efecto directo en las acciones. Las expectativas funcionan ya sea que usted mismo se ha creado o que otra persona haya tenido influencia en crear esa expectativa en usted.

El poder de la expectativa se puede apreciar en cada momento alrededor de nosotros. Se puede apreciar en las familias, en las escuelas, en el trabajo, en todos los campos de la actividad humana.

Cuando en una familia, uno de los padres crea una expectativa negativa en alguno de sus hijos no es ninguna sorpresa para los sociólogos que más tarde los resultados sean negativos. Por el contrario, cuando los padres expresan amor, comprensión, estímulo y apoyo, los hijos obtienen excelentes resultados en la vida.

El poder de la expectativa se aprecia en todos los campos de la actividad humana. Quizá uno de esos campos donde se hace más evidente la expectativa es en la educación. Si en la escuela o en la casa alguien dice a un niño o a una niña en forma repetitiva que no es bueno para las matemáticas el resultado es conocido, el infante no tendrá éxito en las asignaturas relacionadas con matemáticas. Por el contrario, cuando algunos profesores crean la expectativa que algunos alumnos pueden alcanzar resultados sobresalientes los resultados así lo confirman.

Un ejemplo lo tenemos en los extraordinarios resultados logrados por el profesor boliviano de matemáticas Jaime Escalante en el Colegio Secundario Garfield en Los Angeles, California, Estados Unidos, con un grupo de estudiantes de origen hispano (98 por ciento era de origen mexicano-americano), en el curso de cálculo y en especial en la Prueba de Cálculo llamada "advanced placement". Los resultados obtenidos por los alumnos fueron tan buenos que se creyó al principio que los estudiantes habían cometido plagio y con medidas especiales de seguridad los estudiantes volvieron a dar por segunda vez la prueba y los resultados fueron nuevamente excelentes. El profesor Jaime Escalante había motivado y creado en sus estudiantes una expectativa positiva, de confianza, de que sí podían aprender cálculo y los estudiantes sí pudieron.

El poder de la expectativa se aprecia igualmente en los deportes. Cuando los padres de familia o entrenadores crean una expectativa positiva en el joven deportista, se aprecian resultados sorprendentes. Un caso reciente es el del joven golfista Eldrick "Tiger" Woods quien a los 21 años de edad está asombrando a todos por su fortaleza anímica y su extraordinaria calidad. Es hermoso ver la influencia positiva de su padre en el deporte mismo del golf y la influencia de su madre en su carácter pacífico y paciente. Posiblemente "Tiger" Woods sea el mejor jugador de golf de todos los tiempos.

El poder de la expectativa puede trabajar en forma positiva o en forma negativa en cualquier campo de la actividad humana. Tiene una gran fuerza. Todos a través de nuestras vidas recibimos influencia externa que puede crearnos cierta expectativa; si esa expectativa ha sido positiva, nuestra actitud mental será positiva y estaremos capacitados mentalmente para grandes triunfos. Si la expectativa ha sido negativa hay que reconocer esa situación para cambiarla y para crear un ambiente favorable, para tener la actitud mental positiva que nos ayudará a alcanzar el éxito que queremos.

Como las expectativas tienen poder sobre nuestra manera de pensar y de actuar, debemos crear nuestras propias expectativas positivas para reafirmar nuestra actitud mental positiva.

Lo que la persona piensa que es, es.

11

Determinando su futuro

No existen límites para lo que usted pueda lograr.

Wayne Dyer

Hasta este momento hemos visto varias condiciones que son necesarias para tener éxito y ser feliz en la vida y que hay que usarlas conjuntamente para formar los hábitos que nos ayudarán a tener éxito y ser felices.

La confianza en sí mismo, la actitud mental positiva, el dominio de los temores, la capacidad de aceptar la realidad, el uso de la imaginación y creatividad para resolver problemas así como para enfrentarse a situaciones nuevas, la confianza en el extraordinario poder del subconsciente computador, el uso de la visualización y las afirmaciones y el deseo de usar al máximo el potencial propio son condiciones indispensables para triunfar. Todo esto constituye la base firme sobre la cual usted edificará su vida para tener éxito.

Todas son condicionantes indispensables para edificar su vida en forma sólida; el siguiente paso, que es uno de los más importantes, es la fijación de las metas que usted desea lograr para realizarse a plenitud.

¿Qué quiere usted?

Esta pregunta y su respuesta son importantes para usted. ¿Qué, realmente, quiere usted? Usted deberá responder a esta pregunta en forma clara, precisa, con el mayor detalle y en la forma más completa y sincera posible, ya que representa lo que verdaderamente quiere obtener en esta vida.

Al responder lo que quiere ser, lo que quiere tener, lo que quiere lograr, lo que quiere hacer, estará estableciendo metas en las diferentes áreas de su vida.

¿Son las metas importantes? ¡Por supuesto que sí!

La fijación de metas personales es de trascendental importancia. Sin lugar a dudas se puede indicar que la diferencia entre una persona de éxito y una persona que ha fracasado está en la fijación de metas. Todas las personas que han tenido y tienen éxito en la vida tienen claramente fijadas sus metas en los diferentes aspectos de la vida. Las personas que fracasan nunca han sabido o nunca han tenido claro qué es lo que querían de la vida.

Permítame ilustrarle la importancia de la fijación de metas con el siguiente ejemplo:

Piense por un momento que usted es un jugador de fútbol y que su equipo va a definir el campeonato. En los camerinos, momentos antes del partido, el entrenador da las últimas instrucciones y los motiva para ganar el partido y ganar el campeonato ya que ustedes tienen el talento, la capacidad y la actitud para ser campeones. Usted y los miembros de su equipo salen a la cancha con una gran motivación interna dispuestos a rendir de acuerdo a lo que son capaces y a jugar el mejor partido para ganar el campeonato. Ingresan a la cancha con gran entusiasmo. Pero, ¿qué pasa? ¡Sorpresa! Los dos arcos han sido retirados de la cancha y no hay ninguna señal en el campo de juego.

Los jugadores, totalmente desconcertados, preguntan cómo van a jugar el partido de fútbol si no hay arcos y no hay ninguna señal en el campo de juego. Usted comprenderá que no es posible jugar un partido de fútbol por el campeonato si no hay arcos, ya que sin arcos no se podrá conocer el resultado del partido y no se podrán anotar goles. No se sabrá si hay tiros de esquina, bolas que salen fuera de la cancha y por lo tanto no se sabrá quién es el ganador. Sin arcos, seguramente, usted no jugará un partido de fútbol.

¿Son importantes los arcos y las señales en el campo de juego para jugar un partido de fútbol? ¡Por supuesto que sí! En un partido de fútbol o en cualquier evento deportivo es importante tener las marcas necesarias para poder jugar y determinar al ganador.

¿Y sobre usted mismo qué? ¿Está tratando de jugar el partido de su vida sin arcos, sin poder anotar goles? ¿Podrá saber cuál es el resultado? ¿Se da cuenta que los arcos en un partido de fútbol son importantes? De igual manera, en la vida es de suma importancia tener metas y una dirección hacia donde ir. Sin metas es como estar permanente a la deriva sujeto a la influencia de factores externos y extraños sobre los cuales usted no tiene ningún control.

En la mayoría de los casos, las personas que fracasan son las que no tienen una dirección definida hacia dónde dirigir todas sus acciones durante su vida. ¿Es la dirección importante? Permítame ilustrar la importancia con otro ejemplo. ¿Se puede imaginar a una persona que va al aeropuerto para tomar un avión y que no sabe adónde ir? ¿Puede imaginar que es lo que sucedería? Veamos por un momento el diálogo entre ese imaginario pasajero y el empleado de una línea aérea.

Pasajero: Desearía comprar un boleto de ida, por favor.

Empleado: Por supuesto, encantado, ¿Adónde desea usted ir?

Pasajero: Este... uhmm... a un lugar donde me están esperando...

Empleado: ¿Qué lugar es ese, por favor, para hacerle el boleto?

Pasajero: Por favor, es muy importante que yo vaya a ese lugar, apúrese, deme el boleto.

Empleado: Encantado de hacerle el boleto, pero primero usted debe indicarme el lugar hacia donde usted quiere ir.

Pasajero: Bueno, desearía ir a un lugar donde yo pueda ser feliz. Algún lugar, tal vez, donde yo pueda tener mi propio negocio, ganar dinero, gozar de la vida, ser feliz. Por favor deme el boleto que yo pago el valor correspondiente.

Empleado: Antes que pueda darle el boleto usted debe indicarme exactamente el lugar donde usted quiere ir.

¿Comprende el asunto que quiero hacer resaltar? ¿Si no sabe hacia dónde está yendo en su vida, cómo puede esperar llegar a ese lugar? Usted no puede ir de viaje a algún lugar si no conoce el lugar de destino. Sin una definición clara y precisa del lugar no es posible llegar al destino nunca. Sin una ruta precisa para hacer el recorrido, sin darse cuenta usted puede aparecer en algún lugar sin saber cómo ni por qué ha llegado ahí.

Por lo tanto la fijación de metas, que son como los arcos en un partido de fútbol o el punto de destino en un viaje, es muy importante para tener éxito. Para tener éxito en la vida, hay que fijar con precisión las metas a las que quiere llegar a lo largo de toda su vida. El primer gran paso, la primera decisión importante que tiene que tomar es de no quedarse estático en el lugar en donde se encuentra en este momento de su vida.

¿Cuáles son los límites?

¿Adónde se puede llegar? ¿A qué lugar se puede arribar? Usted podrá llegar al lugar que en el fondo de su corazón usted quiere llegar. No hay límites para la persona.

Wayne Dyer, indica: "El cielo es el límite, resulta ser absolutamente cierto aplicado a las capacidades de los seres humanos".

Para fijar sus propias metas hay que pensar en grande. No hay límites para lo que la persona pueda lograr. Si depende de la propia persona, no hay que pensar en pequeño, porque si se piensa en pequeño se permanecerá pequeño y el resultado será la mediocridad. Piense en grande y será grande. Por lo tanto, piense con toda la amplitud de sus pensamientos, dé libertad a su imaginación. No se ponga límites.

Para alcanzar el éxito en las diferentes áreas de la vida: personal y familiar, profesional y financiera, físico y salud, espiritual y ética, mental y educativa, social y cultural se deben fijar metas en cada una de estas áreas. La fijación de metas es decisiva para tener éxito en la vida. Solamente con metas bien definidas se podrá triunfar en la vida. En el capítulo siguiente se explica en detalle los pasos necesarios para establecer las metas.

Libere su imaginación

Use su imaginación al máximo para poder determinar el lugar donde usted quiere llegar, lo que usted quiere ser, lo que quiere tener. Usted tiene un potencial ilimitado que está esperando que usted se decida a usarlo. Su potencial es como un gigante con grandes poderes que está dormido y que está esperando que usted lo despierte y lo haga actuar.

El Dr. Robert Schuller expresa: "¡Sueñe su camino hacia un éxito que no termina nunca!".

Recuerde que por ciertos acondicionamientos mentales usted no ha usado todavía todo su potencial al máximo. Casi todos los días se escucha a alguien decir "no puedo hacer algo así", "yo no tengo imaginación" o "es muy difícil". A lo mejor usted lo ha dicho o pensado alguna vez. La verdad es que todos tenemos imaginación, lo que pasa es que el uso de la imaginación varía con cada persona. Depende del uso que esa persona le haya dado a la imaginación. También es cierto que algunas personas tienen más talento y habilidades innatas que otras. El talento o habilidad que pueda tener otra persona es totalmente irrelevante para el éxito que usted quiere tener. Lo importante es que usted esté convencido que tiene imaginación y que la usa cientos de veces cada día.

El diccionario define a la imaginación como facultad de representarse los objetos no presentes y la facultad de inventar. Todo el progreso de la humanidad es el fruto de la imaginación de alguien. Todos los inventos y contribuciones de la ciencia, así como los pensamientos filosóficos tienen su origen en el hecho que alguien se atrevió a concebir en su imaginación algo que nadie había imaginado o visualizado antes.

Cuando usted usa su imaginación creativamente le sirve para desarrollar un cierto descontento constructivo con las actuales circunstancias. Es una interrogación contra el statu quo que posiblemente usted se ha establecido. La imaginación le ayudará a salirse del estado actual de las cosas. El salirse del statu quo en forma positiva es encaminarse hacia el cambio que conduce hacia el progreso y desarrollo.

Cuando se estudia el comportamiento humano lo que es sorprendente es observar la gran curiosidad sin restricciones que tienen los niños pequeños. Desde el momento de su nacimiento hasta su primera gran aventura fuera de la casa y la entrada a la escuela, sus actividades están caracterizadas por la gran curiosidad, imaginación y creatividad. Durante esos primeros años de su vida, usted aprendió sobre usted y sobre el mundo que le rodeaba mediante cuestionamiento e imaginación. Usted aprendió la relación entre las formas y los tamaños, entre lo que es emocionalmente agradable y desagradable, la diferencia entre las texturas suaves y ásperas y posiblemente mucho de ese aprendizaje fue un tanto doloroso. Conforme iba teniendo más edad usted iba relacionando más entre causa y efecto y tratando de evitar el dolor y buscando lo agradable, lo bueno. Y este proceso de aprendizaje continúa durante toda la vida. Y todo esto está registrado en su subconsciente computador.

¿Ha escuchado alguna historia de un infante cuando regresa a casa después de alguna actividad especial? El pequeño empieza a contar una historia llena de imaginación que a veces es un tanto fantasiosa. Y muchas veces se interrumpe su historia que está contando con tanta emoción, diciéndole: "No es verdad lo que estás contando" o "Estás inventando cosas". Lo que sucede es que para el subconsciente no es posible determinar entre la realidad y la experiencia visualizada. Lo que un niño se imagina durante el día es real para él. Lo que un niño piensa "realmente" ha sucedido. El reproche del adulto ante la historia del niño crea frustración y confusión entre lo que es "verdad" para él y lo que es verdad para otra persona. ¿Cuál es el resultado? El resultado es que el niño dejará de usar su imaginación y creatividad.

El peligro inherente en esta relación muy común adulto-niño es que a muy temprana edad nuestras necesidades emocionales pueden sufrir ciertas inhibiciones. Cuanto más años tenemos, nos volvemos más incrédulos, más rígidos en nuestros pensamientos. Dejamos de escucharnos a nosotros mismos y cuando sucede eso empezamos a escuchar a otras personas. Nuestra mente se cierra y prejuzgamos las nuevas ideas aún antes de haberlas escuchado. Ya tenemos nuestra propia idea sobre el asunto. Esta actitud nos impide apreciar las cosas nuevas y todos tenemos algo que aprender siempre, aún de aquellos que no nos agradan.

Abra su mente a la curiosidad, a las nuevas ideas, a la imaginación y a la aventura para adquirir mayor sabiduría y para estar al ritmo de los tiempos.

Los profesores de las escuelas elementales o de instrucción primaria notan que el promedio de los niños deja de hacer preguntas imaginativas. La natural curiosidad del niño empieza a ser relegada. Algunos pierden la curiosidad a muy temprana edad, otros un poco más tarde. Algunos padres ahogan la imaginación de sus hijos, inclusive antes de que asistan a la escuela elemental. Y son buenos padres, pero por impaciencia o "falta de tiempo" destruyen una de las herramientas más poderosas que se tiene para vivir una vida a plenitud.

Las escuelas, en general, continúan este proceso inhibitorio al asignar normas para todo y al eliminar la creatividad infantil. Cuando en la escuela se asigna un trabajo escrito, la pregunta inmediata es ¿cuántas páginas debe tener? ¿se debe escribir a tinta o a lápiz? ¿con qué color de tinta? ¿a un espacio o a doble espacio? ¿en papel tamaño carta o tamaño oficio? Y el profesor establece los límites, las restricciones y no deja espacio para la creatividad. Con todas estas reglas, lo que en realidad se está creando es la actitud de hacer algo con el mínimo esfuerzo o de cumplir sólo con el requerimiento mínimo de los profesores.

Estas actitudes no sólo se presentan en los padres y profesores, también sigue en la vida adulta del trabajo. ¿Alguna vez usted ha pensado en hacer sólo lo mínimo indispensable para cumplir con su tarea? ¿En seguir haciendo las cosas de igual manera a lo que se ha venido haciendo? Es propio de la naturaleza humana el seguir la ley del mínimo esfuerzo. Y lo que generalmente sucede, al hacer una costumbre o una forma de actitud, es que el mínimo que se hace se convierte en el máximo que usted puede hacer. El resultado de esta actitud, sin lugar a dudas, es la mediocridad. De esta manera se pierde esa invalorable herramienta que es la imaginación.

La imaginación necesita práctica

Lógicamente la imaginación debe ser dirigida ya que no es posible vivir en un mundo pleno de fantasía e ilusión. Al fijarse metas para el futuro usted deberá hacer uso de su imaginación. Libere su imaginación. La imaginación al igual que los músculos necesitan de ejercicio en forma regular para estar en plena forma.

"Lo que usted vívidamente se imagine, fervientemente desee, crea con sinceridad y entusiastamente emprenda, inevitablemente sucederá". Esto lo dice Paul J. Meyer, fundador de Success Motivation Institute, Inc., que tiene su sede en Waco, Texas, una de las personas de gran éxito y que es un maestro en la fijación de metas y experto motivador.

Para determinar su futuro piense que el mundo es un mundo de abundancia y que todos estamos en este mundo para vivir la vida a plenitud.

- ¿Cuáles son sus sueños?
- ¿Qué persona desea ser?
- ¿Qué desea tener?
- ¿Qué desea conocer?
- ¿Qué desea saber?
- ¿Cómo desea que sea su familia?

Sueñe, dé rienda suelta a su imaginación y no se coloque límites restrictivos. Recuerde que usted puede ser lo que quiere ser. Las personas son lo que creen que son en el fondo de sus corazones.

Lo que usted vívidamente se imagine, fervientemente desee, crea con sinceridad y entusiastamente emprenda, inevitablemente sucederá.

Esta frase extraordinaria es de Paul J. Meyer que expresa que usted puede lograr todo lo que se proponga si realmente desea lograrlo y trabaja con pasión para obtenerlo.

Usted es la única persona que podrá determinar su futuro. Usted y sólo usted es el gran capitán de la nave de su propia vida. Ninguna otra persona podrá pensar por usted ni podrá hacer que piense de manera diferente. Usted y sólo usted, con el poder de su mente, de su subconsciente computador y con sus habilidades, es quien determinará su propio futuro. Recuerde, todo depende de usted. Usted puede lograr todo lo que desee si se lo propone y actúa en forma tenaz y perseverante.

Si quiere tener éxito, prográmese para tener éxito en todo lo que emprenda. Imagínese que ya está en camino de lograr el éxito que quiere. Fíjese metas en todas y cada una de las áreas de la vida.

La "lista de mi vida" de John Goddard

Un caso ejemplar sobre lo importante y necesario que es escribir lo que se piensa hacer en la vida es el de John Goddard, quien hace algunos años, cuando tenía 15 años de edad en Los Angeles, California, escribió una lista de lo que quería hacer durante su vida. El la llamó "la lista de mi vida".

En esa lista escribió 127 metas que quería alcanzar y que han marcado su derrotero en la vida. En esas 127 metas, lógicamente, hay algunas que son fáciles de obtener y otras más difíciles. A la edad de cuarenta y siete años, John Goddard había realizado 103 metas, algo sorprendente pero al mismo tiempo real.

Sus metas de la 1 a la 8 eran: explorar los ríos Nilo, Amazonas, Congo, Colorado, Yang-Tsé (China), Níger, Orinoco (Venezuela) y Coco (Nicaragua). De la 9 a la 20 eran: estudiar las culturas primitivas del Congo, Nueva Guinea, Brasil, Borneo, Sudán, Australia, Kenya, Filipinas, Tanganica (Tanzania), Etiopía, Nigeria y Alaska.

De la 21 a la 36 eran: escalar los montes Everest, Aconcagua (Argentina), Mckinley, Huascarán (Perú), Kilimanjaro, Ararat (Turquía), Kenya, Cook (Nueva Zelanda), Popocatépetl (México), Matterhorn, Rainer, Fuji, Vesubio, Bromo (Java), el Parque Nacional Grand Tetons y el Baldy en California.

Su meta 37 era estudiar medicina. La 38 era visitar todos los países del mundo. La 40 pilotear un avión. De la 42 a la 47 eran fotografiar las Cataratas del Iguazú (Brasil), Victoria (Rodesia), Sutherland (Nueva Zelanda), Yosemite, Niágara y seguir las rutas de Marco Polo y Alejandro Magno.

De la 48 a la 53 eran la exploración submarina en: los arrecifes de coral en la Florida, la Gran Barrera (Australia), el Mar Rojo, las islas Fiji, las Bahamas, los Pantanos Okefenokee y los Everglades.

De la 54 a la 67 eran visitar los polos Norte y Sur, la Gran Muralla China, los canales de Panamá y Suez, las Islas Orientales, las Islas Galápagos, el Vaticano, el Taj Majal, la Torre Eiffel, la Caverna Azul, la Torre de Londres, la Torre inclinada de Pisa, el pozo sagrado de Chichén-Itza (México), escalar las Rocas Ayers en Australia y seguir el río Jordán desde el Mar de Galilea hasta el Mar Muerto.

Sus metas de la 68 a la 72 eran: nadar en los lagos Victoria, Superior, Tanganica, Titicaca y el Nicaragua.

Después sus metas fueron:

73. Ser un "Eagle Scout".

74. Viajar en submarino.

75. Decolar y aterrizar en un portaviones.

76. Volar en dirigible, globo y planeador.

77. Montar en elefante, camello, avestruz y caballo salvaje.

78. Bucear a quince metros y contener la respiración por dos minutos y medio debajo del agua.

79. Atrapar una langosta de cinco kilogramos y un abulón de veinticinco centímetros.

80. Tocar flauta y violín.

81. Mecanografiar cincuenta palabras por minuto.

82. Saltar en paracaídas.

83. Aprender a esquiar en agua y en nieve.

84. Ir en una misión de la iglesia.

85. Seguir la expedición John Muir.

86. Estudiar medicamentos nativos y recordar los más útiles.

87. Filmar una colección de rinocerontes, elefantes, leones, leopardos, búfalos y ballenas.

88. Aprender esgrima.

89. Aprender jiu-jitsu.

90. Dictar un curso universitario.

91. Observar una ceremonia de cremación en Bali.

92. Explorar las profundidades marinas.

93. Aparecer en una película de Tarzán.

94. Poseer un caballo, un chimpancé, un leopardo, un ocelote y un coyote.

95. Ser un radioaficionado.

96. Construir un telescopio.

97. Escribir un libro.

98. Publicar un artículo en la revista "National Geographic".

99. Saltar metro y medio de alto.

100. Saltar cinco metros de largo.

101. Correr 1,500 metros en cinco minutos.

102. Pesar, desnudo, ochenta kilogramos.

103. Hacer doscientos abdominales y veinte flexiones.

104. Aprender español, francés y árabe.

105. Estudiar los lagartos de la isla Komodo.

106. Visitar el lugar de nacimiento de su abuelo en Inglaterra.

107.

108. Navegar como marino en un barco de carga.

109. Leer toda la Enciclopedia Británica.

110. Leer la Biblia de principio a fin.

111. Leer obras de Shakespeare, Platón, Aristóteles, Dickens, Thoreau, Poe, Rousseau, Bacon, Hemingway, Twain, Burroughs, Conrad, Tolstoi, Longfellow y Emerson.

112. Familiarizarse con las composiciones de Bach, Beethoven, Debussy, Mendelssohn, Rimski-Korsakov, Liszt, Rachmaninov, Stravisnki, Tchaikosky y Verdi.

113. Dominar el manejo de avión, motocicleta, tractor, deslizador, rifle, pistola, canoa, microscopio, arco y flecha, boleadora y bumerang.

114. Componer música.

115. Tocar Claro de Luna al piano.

116. Observar la ceremonia de caminar sobre el fuego en Bali.

117. Extraer veneno de una serpiente.

118. Encender un fósforo con un rifle de calibre veintidós.

119. Visitar un estudio de cine.

120. Subir la pirámide de Keops.

121. Ser miembro del Club de Exploradores y del Club de Aventureros.

122. Aprender a jugar polo.

123. Viajar a pie y en bote a través del Cañón del Colorado.

124. Circunnavegar el globo terrestre. 125. Visitar la Luna.

126. Casarme y tener hijos (tiene cinco hijos) y la

127. Vivir hasta el siglo veintiuno. John Goddard tendría 75 años en al año 2000.

John Goddard cuenta que se decidió a escribir su "lista de mi vida" después de escuchar a muchas personas adultas que decían "si hubiese hecho esto o eso cuando era joven". El se dio cuenta, muy pronto, que muchas personas pierden el entusiasmo y la oportunidad de soñar y de convertir esos sueños en realidad. El éxito de Goddard empezó cuando él escribió su "lista de mi vida".

Mi lista de todo lo que quiero ser, tener, lograr y hacer

Ahora empiece usted el gran camino hacia la autorrealización plena escribiendo una lista de todo lo que quiere ser, tener, lograr y hacer.

Escriba "la lista de todo lo que quiero ser, tener, lograr y hacer" dando rienda suelta a su imaginación. No se ponga ningún límite. Use su imaginación al máximo. Escriba sin temor, sin miedo la "lista de su vida". No hay límites para lo que usted desee ser, tener, lograr y hacer. Atrévase a pensar en grande. Sueñe. Recuerde que antes de tener, hacer, lograr o ser hay que pensar en eso, usted tiene que representárselo en su mente.

Cuando escriba la lista de sus sueños no trate de analizar en ese momento si es posible o no que logre algún sueño. No haga ninguna crítica a sus pensamientos. La primera etapa importante hacia el camino del éxito es escribir sus sueños tal y como vienen a su imaginación. No haga juicios en este momento. Dé rienda suelta a su imaginación. Atrévase a soñar.

Este proceso es continuo, es decir, cada vez que tenga un deseo escríbalo. Por eso es conveniente que siempre tenga a la mano una tarjeta y un lápiz. En cuanto tenga una idea o un deseo escríbalo inmediatamente. Su lista de sueños o de lo que siempre ha querido ser o tener aumentará en el momento en que tenga una nueva idea. Escriba tan pronto la tenga en su mente. No trate de esperar otro momento más preciso para escribirla porque lo que sucede es que conforme pasa el tiempo, usted tendrá nuevas situaciones o se le presentarán otras cosas y esa idea, que tuvo en algún momento, quedará en el olvido.

Siga estas instrucciones ya que son efectivas y dan resultado. Si sigue las instrucciones poco a poco descubrirá que el mundo abre sus tesoros y le premiará. Usted recibirá el premio de tener éxito en la vida.

Se recomienda que mantenga en privado la lista de sus sueños. La "lista de todo lo que quiero ser, tener, lograr y hacer" es algo muy personal y confidencial.

Otra persona que lea su lista podría no interpretar bien sus sueños o quizá no conozca la importancia de escribir los sueños y puede, como sucede generalmente, empezar a criticarlo. No muestre su lista a uno de esos "abogados del diablo", que abundan por ahí, porque posiblemente le tratará de demostrar de mil maneras que no es posible alcanzar las metas que se está fijando. Si muestra sus sueños a otra persona es muy probable que esa persona le diga algo negativo o que trate de disuadirle. La mayoría de la gente tiene pensamientos negativos. Por eso, guarde sólo para usted la lista de sus sueños. Usted podrá comunicárselo sólo a la persona a quien tiene absoluta confianza y que sabe que posee una actitud mental positiva y que también tiene metas en la vida.

Al escribir "todo lo que quiero ser, tener, lograr y hacer", la lista de todos sus sueños, usted está grabando en su subconsciente computador lo que es realmente importante para usted. A partir de ese momento su subconsciente computador trabajará para usted y le ayudará a convertir sus sueños en realidad.

Es conveniente que cada cierto tiempo (en forma semanal o mensual) usted revise su lista de "todo lo que quiero ser, tener, lograr y hacer" para actualizarla. Usted se irá dando cuenta que conforme pasa el tiempo y ha tomado acción, sus sueños se irán convirtiendo en realidad. Esto es verdad, esto es una realidad. No lo dude. Así es.

Prioridades en lo que quiero ser, tener, lograr y hacer

Como ahora usted sabe, después de haber llenado la hoja con todo lo que quiere ser, tener, lograr y hacer, lo que realmente desea en el fondo de su corazón, lea nuevamente la lista. Ahora es el momento de analizar la lista y establecer prioridades. Todo se puede lograr pero, posiblemente, no todo al mismo tiempo. Revise su lista y asigne una prioridad a sus ideas. Escriba su lista ordenándola de acuerdo al nivel de importancia. La prioridad debe estar en función directa de lo que usted es en este momento, de sus puntos fuertes y débiles, así como de sus recursos.

Recuerde también que esta lista y estas prioridades no es algo fijo, inamovible, que no se puede modificar nunca. No, es flexible y dinámica como la vida. Cada cierto tiempo usted deberá revisar su lista y después de haber logrado alguna de sus metas usted puede establecer nuevas prioridades, en función de su situación particular en ese momento.

Lo que importa es que usted tenga sus sueños por escrito para fijarlos en su subconsciente computador y para que le sirvan de base para preparar su plan de acción.

Todo lo que quiero ser, tener, lograr y hacer

1. _____
2. _____
3. _____
4. _____
5. _____
6. _____
7. _____
8. _____
9. _____
10. _____
11. _____
12. _____
13. _____
14. _____
15. _____
16. _____
17. _____
18. _____
19. _____
20. _____
21. _____
22. _____
23. _____
24. _____
25. _____

Usted y sólo usted determinará su futuro.

12

La automotivación

*La fuerza más poderosa de energía que
podemos generar es la oración.*

Alexis Carrell

La motivación generalmente es vista como la aplicación de
una fuerza externa que genera una acción esperada. Esa
fuerza externa induce a ejecutar una acción para obtener algo agradable o para evitar algo desagradable.

La motivación es una fuerza real que hace que una persona o grupo de personas realicen esfuerzos extraordinarios
para lograr un determinado objetivo en un momento dado.
Esta fuerza anímica es usada por los líderes para lograr resultados especiales o para crear un ambiente favorable para
realizar grandes esfuerzos.

La motivación es usada por los entrenadores de equipos
deportivos en competencias colectivas para crear un espíritu
de equipo y una cohesión moral en todos los miembros del
equipo en un evento específico. Mediante la motivación se

prepararan psicológicamente a los deportistas para lograr el campeonato o para superar las marcas personales. La motivación es una fuerza real, de gran poder que debemos utilizar en nosotros mismos.

Claude Bristol expresó: "Crea en las fuerzas motivadoras que le permitirán lograr sus objetivos".

Tipos de motivación

Se puede decir que, en general, hay dos grandes tipos de motivación: la motivación externa y la motivación interna.

Al responder lo que quiere ser, lo que quiere tener, lo que quiere lograr, lo que quiere hacer, lo que en realidad está haciendo es estableciendo metas en las diferentes áreas de su vida.

La motivación externa puede ser motivación por el miedo o la motivación por recompensa o beneficio.

Anthony Robbins, uno de los gurús de la motivación, autor de los libros *Awaken the Giant Within* (*Despierte al Gigante Que Está Adentro*) y *Unlimited Power* (*Poder Ilimitado*), de programas y seminarios para desarrollar el potencial de las personas, expresa que "nuestras vidas están dirigidas por nuestra necesidad fundamental de evitar el dolor o el deseo de obtener algún placer; ambas están dirigidas biológicamente y constituyen una fuerza controladora en nuestras vidas". "Nosotros hacemos más para evitar el dolor que para obtener placer" y que "el dolor es el gran motivador a corto plazo".

Desde tiempos inmemoriales se ha empleado la motivación externa para incentivar a las personas a lograr algo o a actuar bajo un patrón de comportamiento dado. Dentro de este tipo de motivación se encuentran los premios y castigos que preconizan algunas religiones para los que obran bien y para los que obran mal. Por ejemplo, si una persona se comporta bien y hace el bien irá al paraíso y si obra mal y se comporta mal irá al infierno. No hay duda que las motivaciones externas tienen gran fuerza.

Tanto en las familias como en los centros de trabajo se ha usado, se usa y probablemente se seguirá usando ambos tipos de motivación externa. Es muy conocido el uso de la motivación para que las personas actúen por miedo al castigo, así como el uso de recompensas ante un buen trabajo como medios para inducir a las personas a ser más productivas en el trabajo. Como las personas necesitan el trabajo como medio de subsistencia tienen que aceptar y conformarse con el tipo de motivación que usa la gerencia. Si esas personas muestran disconformidad con este tipo de motivación tienen la posibilidad de perder sus puestos de empleo.

Se ha comprobado mediante diferentes estudios y análisis que la motivación externa que usa el miedo, en determinadas circunstancias, tiene efectos notables, pero igualmente tiene grandes debilidades. La persona que la usa se puede convertir, muy fácilmente, en un tirano, en un abusivo, en un déspota. Las personas que aceptan este tipo de motivación externa también, con el tiempo, suelen adecuarse al castigo, se suelen acostumbrar, endurecer y se requerirá que el castigo sea cada vez de mayor intensidad para poder mantener la efectividad de este tipo de motivación externa.

En los hogares es muy común usar la motivación por miedo al castigo como una herramienta para establecer los patrones de conducta o comportamiento entre los miembros de una familia. En casa, nuestros abuelos y padres han usado la motivación por el miedo y nosotros, padres, ¿cuántas veces hemos usado este tipo de motivación con nuestros hijos? ¿Le es familiar lo siguiente?:

- "Si haces esto o no haces aquello serás castigado".
- "Si llegas tarde no verás televisión".

- "Si no apruebas este curso no saldrás a jugar fútbol".
- "Si no haces tu tarea no saldrás de tu cuarto".
- "Si no llegas temprano a la casa no irás la fiesta".
- "Si no comes rápido, te quedarás solo en la mesa", etc., etc.

Igualmente en los hogares se usa la motivación por recompensa. ¿Recuerda algunas situaciones particulares de su vida en las que se ha aplicado este tipo de motivación externa? ¿Verdad que sí?

En las últimas décadas, algunos estudios sobre el comportamiento en las organizaciones y en el trabajo indican que hay una tendencia a usar más la motivación externa por recompensa cuando se quieren obtener mejores resultados en las actividades de los empleados.

La mayoría de las organizaciones han cambiado la motivación por el castigo a la de motivación por recompensa. Es usual, ahora, que las gerencias ofrezcan incentivos especiales a los empleados que cumplen con ciertas normas o niveles de producción o de rendimiento. Este tipo de motivación, llamada motivación por incentivos, tiene más ventajas que la motivación por el castigo, pero también tiene sus debilidades.

Para que la motivación por recompensa sea efectiva en el largo plazo, el incentivo tiene que ser cada vez mayor y mayor. En algunos otros casos, la promesa de la recompensa puede ser usufructuada sólo por muy pocos y, por lo tanto, causa cierto desaliento en los demás y hasta pueden presentarse casos en que se piense que se quiere favorecer sólo a unos cuantos, "a los preferidos", "a los envarados", "a los del círculo gerencial", y como consecuencia de esta actitud, la moral de la organización en lugar de mejorar se deteriora. También, muchas veces, lo que empieza como una recompensa para crear una cierta motivación en un momento dado, pronto se convierte en las mentes de las personas como un "derecho" a seguir recibiendo esa recompensa en el futuro y como consecuencia, crecen las expectativas en el personal.

La motivación interna: la automotivación

Tanto la motivación por el miedo como la motivación por la recompensa son efectivas pero también tienen una gran debilidad común, no son permanentes y son administradas por un agente exterior. Ese agente exterior puede ser los padres, los hermanos, los maestros, los jefes. Al ser administrado y controlado por un agente exterior no es propio de la persona, no es auténtico, ya que responde a los intereses particulares de ese agente exterior.

La motivación que nos interesa, la que tiene más fuerza, la que es permanente es la motivación interna, la automotivación. Este tipo de motivación es muy superior a las motivaciones exteriores. También es más difícil de adquirir pero puede ser desarrollada. Esta motivación interna, una vez adquirida, se puede mantener y estimular para que sea una parte inherente de nuestra manera de ser.

Para nosotros, lo más importante es que la fuerza interior de la persona sea permanente y para que sea permanente tiene que ser propia, es decir, tiene que provenir de la misma persona. Al ser propia no está sujeta a los intereses de una tercera persona. La fuerza interna va estar en función de los propios intereses de la persona, es decir de sus propios objetivos. Esto es la automotivación.

La automotivación es la motivación que usted mismo genera, es la fuerza, la energía interna, el poder interno que le impulsará permanentemente hasta conseguir lo que se ha propuesto en la vida, independientemente de los agentes externos.

Se dice, a veces, que las personas con automotivación nacen y que por lo tanto la automotivación no se puede adquirir ni desarrollar. Nada más alejado de la realidad. No se trata de aspectos genéticos o de cualidades físicas innatas. La automotivación es una cuestión de elección, de una decisión consciente que usted toma en la vida. Es una actitud que se desarrolla, un hábito del pensamiento, un estado de la vida que se genera como consecuencia de que usted acepta, reconoce y quiere desarrollar su potencial ilimitado.

Cuando usted se propone conseguir algo que realmente quiere lograr, obtener o hacer, usted generará la energía interna necesaria para seguir, seguir y seguir hasta convertir sus sueños en realidad. Usted, con automotivación, será una persona con iniciativa, entusiasmo, actitud positiva, dinamismo, pasión y compromiso total en pos de sus metas.

Si quiere lograr sus objetivos, debe tener automotivación. Usted no puede estar a la expectativa que alguien venga y lo motive para lograr sus propias metas personales. Esta situación nunca se presentará. Nadie conoce, en su verdadera y exacta magnitud, lo que usted quiere alcanzar en la vida.

Con automotivación tendrá esa fuerza interna que será como un motor potente, como un propulsor de gran energía, que constantemente le impulsará hacia adelante. Conforme vaya logrando éxitos parciales, éxitos intermedios, su automotivación aumentará y se hará más fuerte hasta convertirse en algo inherente a usted mismo. Será parte de usted.

La definición exacta y clara de sus propias metas personales genera automotivación. Y con automotivación y metas claramente definidas usted se apartará de la masa, de la gran mayoría de personas y se convertirá en una persona que vive con metas de valor personales predeterminadas. De esta manera usted, con automotivación, podrá comprenderse mejor y comprender más a los demás.

Con automotivación el tono de su voz, su apariencia externa, su postura, su mirada, su caminar, sus gestos, sus acciones serán consistentes con sus pensamientos y con lo que quiere lograr en la vida.

Con automotivación, sin darse cuenta, usted verá que su intuición, imaginación y visualización mejorarán día a día. Se convertirá en una persona creativa con gran imaginación para resolver los problemas y para encontrar siempre más de una posible solución. Usted empezará a ver las posibilidades que están yacentes y que otras personas no pueden apreciar. Usted mantendrá el juicio de una idea hasta que esté en posesión de los hechos, su percepción será más fina y sus decisiones serán sólidas. La automotivación requiere más de una simple decisión. Se necesita un compromiso real de trabajar con metas importantes, de valor, para así separarse de la muchedumbre, de la masa que deambula por la vida sin saber adónde ir o llegar o hacer. Usted se apartará de las personas rutinarias y complacientes que aceptan las circunstancias de la vida tal como están y se conforman con el statu quo.

Automotivación y metas

Para tener automotivación usted debe tener metas que sean realmente un reto para su capacidad y que el lograr esas metas le proveerá algún tipo de beneficio. Cuando prepare su plan de acción para lograr sus objetivos usted está desarrollando una motivación propia, la automotivación.

Con automotivación usted persistirá y continuará con dinamismo, confianza, determinación y constancia sin que le afecten los obstáculos, dificultades, críticas o posibles traspiés que encontrará en el camino. Para lograr esto su plan de acción debe ser bien detallado y sobre todo las metas deben ser muy claras.

La mayoría de los casos de fracaso o de abandono de proyectos o de planes inconclusos se presenta cuando la persona desiste y abandona. Esas personas desisten antes de ver convertidos sus sueños en realidad. Esta situación se presenta cuando las personas no tienen la automotivación suficiente para sobrellevar las dificultades y se derrumban anímicamente ante una situación difícil o inesperada. Hay muchos, muchos casos de personas que abandonan sus proyectos ante la primera dificultad y como consecuencia nunca llegan a saber si con un esfuerzo más hubiesen podido llegar a la meta y tener el éxito que estaban buscando.

Automotivación y cambio

La automotivación no se genera en el exterior por el estímulo de fuerzas externas favorables o desfavorables. Muy por el contrario se genera dentro de usted. Es una actitud. Es una actitud de cambio dentro de su ser.

Ya hemos visto anteriormente que el cambio es necesario e importante si queremos desarrollarnos y tener éxito en la vida. Sí somos capaces de cambiar. Sí queremos aceptar mayores responsabilidades y queremos tener la energía interna, ese fuego interior que arde dentro de nosotros servirá para impulsarnos, en todo momento, a realizar las acciones necesarias para lograr lo que más queremos en esta vida.

Es cierto que las fuerzas de motivación externa le pueden motivar, pero la verdadera motivación, la que durará más, debe venir dentro de su ser. Es la única capaz de ser permanente. Para desarrollar su automotivación usted debe seguir su plan de acción para lograr las metas. Recuerde que usted y sólo usted controla su vida y por lo tanto usted está en capacidad de poder desarrollar la automotivación.

Con automotivación logrará convertir sus sueños en realidad. La automotivación y la fijación de metas están íntimamente relacionadas. Con metas claras y precisas podrá desarrollar la automotivación. Con automotivación tendrá siempre la correcta actitud mental para seguir su plan hasta obtener sus metas.

A la automotivación, Paul J. Meyer también la llama "actitud motivacional" y Anthony Robbins la denomina "poder personal", que es, en otras palabras, la fuerza interna que nos impulsa hacia lo que más queremos en esta vida. Sin esa fuerza interior, sin ese fuego interno, no se podrá alcanzar ningún objetivo.

Llegar hacia donde usted quiere ir requiere fe. Requiere confianza, requiere determinación, requiere voluntad. Requiere aceptar el cambio como algo favorable para el progreso de las personas. Requiere eliminar las autolimitaciones que la persona se fija. Requiere una realización progresiva. Requiere apreciación de lo hermoso que es la vida y que en esta vida hay abundancia y que la vida merece la pena ser vivida a plenitud. Para tener éxito se requiere automotivación.

Werner Von Braum, quien fuera jefe del programa de exploración espacial de Estados Unidos, pionero de los vuelos espaciales y que dirigió los esfuerzos para poner el primer hombre en la Luna expresó: "El hombre pertenece a donde él quiere ir".

Las personas llegarán a donde quieran llegar, serán lo que quieran ser, tendrán lo que quieran tener, lograrán lo que quieran lograr si es que tienen la automotivación necesaria.

La automotivación será la fuerza que le impulsará permanentemente hacia donde usted quiere llegar.

13

La visualización

Es la mente la que nos hace sanos o enfermos,
felices o infelices, ricos o pobres.

Edmund Spencer

La visualización es una de las técnicas más importantes en el proceso de la fijación de metas. Visualización significa, literalmente, crear imágenes en su mente. Por medio de la visualización usted se conecta directamente con su subconsciente computador, sin pasar por el filtro de la lógica del consciente.

Su subconsciente computador "piensa" en imágenes y usted puede programarlo fácil y rápidamente con imágenes. La visualización es una idea o pensamiento representado en forma de imagen. Con la visualización usted dirige un mensaje directamente a su subconsciente.

Al empezar con una imagen, usted toma un atajo para llegar rápidamente a su subconsciente. El subconsciente no racionaliza. Acepta como verdad todo lo que usted le presenta. Si usted mentalmente se representa, en imágenes, como si ya hubiese logrado la meta, su subconsciente lo acepta y lo cree. Es por eso que la visualización es efectiva para lograr lo que usted se propone.

La visualización es una herramienta mental, al igual que las afirmaciones, que usted usa para crear esa visión, esa cristalización de lo que usted quiere. Cuando se tiene una visión es fácil lograr lo que se quiere. La visión es la luz que ilumina el camino a seguir para lograr sus metas. Sin visión, las metas son simplemente ilusiones sin sentido. La visualización es efectiva porque establece una creencia, una creencia que puede modificar en forma positiva su vida.

Se usa la visualización para cristalizar su pensamiento sobre la meta u objetivo que usted quiere lograr. La mayoría de las personas, al igual que Santo Tomás, dicen que hay que "ver para creer". Por eso la visualización puede ayudar. Porque también es cierto que se puede "ver mentalmente".

La visualización consiste en representar en su mente lo que usted quiere ser, tener, lograr y hacer en forma real. La visualización consiste en trasladar su mente desde el lugar donde usted se encuentra en este instante, hasta un punto en el futuro y representarse esa situación como si usted efectivamente ya estuviera en ese lugar. Esta representación mental debe ser lo más completa y real que sea posible.

Rita Milios, en su libro *Tools For Transformation* (*Herramientas para la Transformación*), expresa: "Visualizar una escena en su mente tiende a hacerla más real. Usted empieza a creer en la realidad de la imagen. Primero, la visualización de una meta puede parecer forzada y no natural. Pero las visualizaciones repetidas, al igual que las afirmaciones repetidas, lentamente generan la creencia que una meta deseada es posible, luego, que es probable y, finalmente, que es un hecho. Y cuando una meta se ha convertido en realidad en su mente, cuando cree en ello, empieza a convertirse en realidad en su vida".

La visualización y la imaginación

Para poder representar el futuro en la mente se requiere gran imaginación. Hay que usar ese don maravilloso que es la imaginación para representar en nuestra mente todo lo que queremos.

Anteriormente hemos visto que por diferentes circunstancias la mayoría de las personas, por lo general, no han hecho uso de la imaginación en sus vidas o la han usado muy poco. Esas personas, en algún momento de sus vidas, por alguna influencia externa de personas o del medio, han dejado de usar la imaginación, o el uso de su imaginación ha sido muy limitado y por eso muchas personas creen que no tienen imaginación. La imaginación es vital para la visualización.

Visualización es la habilidad de representarse mentalmente situaciones, eventos, acciones, logros u objetos como si fueran reales y que efectivamente están sucediendo.

La habilidad de visualizar ha sido identificada por los psicólogos como una de las principales habilidades que poseen todas las personas que han obtenido gran éxito en la vida. Todas las personas que han logrado éxito en sus vidas han tenido la capacidad de visualizar sus metas, su plan de acción, su futuro. Esto es cierto tanto para artistas, arquitectos, inventores, compositores de música, deportistas como para personas comunes.

Lo que se quiere mediante la visualización es representarse imágenes tan vívidamente como sea posible, como si ya se estuviera en posesión de lo que se quiere lograr, de lo que se quiere tener o como si ya se hubiese hecho lo que se quiere hacer.

Cuando no se tiene esta imagen vívida, clara, nítida, "real" de lo que se quiere es como cuando se toma una fotografía con una cámara que tiene el lente fuera de foco o con la

abertura del lente incorrecta o con la velocidad de obtura-
ción incorrecta en función de la imagen que se está fotogra-
fiando. El resultado es una fotografía con una imagen difusa,
borrosa, obscura.

Ray Charles, extraordinario músico y pianista, desde muy
niño, tenía el sueño de ser músico. Cuando tenía cinco años
de edad quedó ciego a causa de glaucoma y durante una au-
dición, cuando tenía 15 años, le dijeron que no era capaz de
seguir una nota musical. En una entrevista posterior, al pre-
guntársele cómo había triunfado pese a tener esa deficiencia
y haber recibido esa crítica tan severa, respondió: "Por el poder de la visualización. Independientemente de lo mal que
puedan ir las cosas en el exterior, yo siempre tuve una imagen clara en mi mente. Yo me veía como un gran músico".

Por eso, es muy importante que usted tenga en su mente
con toda claridad, lo que quiere ser, lo que quiere tener, lo
que quiere lograr, o lo que quiere hacer con la mayor precisión y nitidez posible, casi en forma "real".

La visualización y la fijación de metas

Para lograr algo en la vida, usted tiene que tener primero la
representación en su mente de lo que quiere lograr, con absoluta claridad y nitidez. La visualización es extremadamente importante para obtener las metas que se fija.

El que visualiza es capaz de representar en su mente cada
etapa de su plan, cada obstáculo, cada solución y cada cualidad
necesaria para lograr la meta. La visualización es una etapa
esencial en el proceso de la planificación para lograr el éxito.

Cuando su imagen es perfectamente clara y usted mantiene su vista en todo momento sobre el objetivo y en los puntos intermedios, que servirán de guías, usted marchará sin titubeos, con paso decidido, con confianza, con firmeza hacia
el objetivo.

La visualización trabaja y es efectiva, ya que aprendemos a través de nuestros cinco sentidos: la vista, el tacto, el oído, el gusto y el olfato. Cuantos más sentidos usemos, más firme será el conocimiento que tengamos sobre algo. Algunas personas tienen un sentido más desarrollado que otro y ese es el que usan más. Excepto por algún defecto físico específico, las personas pueden usar todos los sentidos para percibir el mundo exterior.

Algunos sentidos ayudan más que otros en situaciones comunes. En la mayoría de las situaciones, la vista da un mayor conocimiento que los otros sentidos. Por lo tanto, estamos acostumbrados a pensar en imágenes. Aquí se aplica muy bien el dicho "una imagen vale más que mil palabras".

La visualización es muy importante cuando usted tiene que visualizar el futuro, su futuro. El rango de lo que usted puede visualizar está limitado solamente por lo que quiere ver y representarse en su mente. La única limitación que tiene está en función de su propia imaginación. Como toda actividad humana, la visualización se hace mucho más efectiva con la práctica y con el uso constante de esta técnica.

El gran poder de la visualización reside en el efecto dinámico que tiene en usted y en el futuro que usted puede crear para usted mismo.

Si usted es capaz de formular una idea o un plan, si es capaz de representar esa idea o plan mediante una imagen y tener esa idea en su mente hasta que sea totalmente clara y vívida, a tal punto que la puede describir a otros lo que ve, usted está visualizando.

Si usted desea usar la visualización para permanecer saludable, represéntese en su mejor estado de salud. Imagínese fuerte, sano y saludable mientras se repite algunas afirmaciones para la salud. Si usted tiene alguna parte de su cuerpo que necesita atención especial, imagínese cada área en forma específica y represéntese, imagínese o visualice que está sanando usando algún medicamento. Represéntese una imagen como si ya se hubiera sanado completamente. Véase sano o sana y saludable. Termine la visualización dando gracias por haberse sanado. Esta visualización de "sanación" también se puede hacer para otras personas.

Si desea tener prosperidad, visualícese teniendo prosperidad y riqueza. Imagínese lo que quiere tener como si ya estuviese en su posesión. Si desea tener una cierta cantidad de dinero, imagínese depositando esa cantidad en su cuenta bancaria. Visualícese disfrutando de esa prosperidad y ayudando a otras personas. Visualice haciendo el bien con la prosperidad que ya tiene. Sienta la prosperidad. Use la prosperidad, en su mente, para hacer cosas buenas y tendrá más prosperidad. La actitud es fundamental para tener prosperidad. Represéntesela en su mente.

Supongamos que usted es un vendedor y quiere hacer una venta importante a un cliente especial. Para lograr esa venta usted representa en su mente al cliente, en su oficina. Si usted se ve en esa situación respondiendo a las preguntas de su cliente con total conocimiento y aplomo, resaltando las ventajas de su producto. Si usted se representa al cliente aceptando su oferta y firmando la orden de compra. Si siente la emoción y la alegría de obtener una venta importante, usted estará visualizando y esa visualización le ayudará a lograr su objetivo de realizar la venta a su cliente. La visualización es efectiva.

Si desea obtener una promoción en la compañía donde usted trabaja, usted debe visualizar, primero, la posición que desea lograr y debe verse como si ya estuviese trabajando en esa posición. Debe verse en la oficina que corresponde a esa nueva posición. Debe verse impartiendo instrucciones. Debe sentir que ya está en posesión de ese puesto de trabajo. Si logra representar esa imagen en su mente, usted estará visualizando y la visualización le ayudará a lograr su objetivo. La visualización es efectiva.

Si quiere tener éxito al dictar una charla o al hablar en público, usted debe representar primero en su mente esa situación. Usted debe visualizar la convención o la reunión en donde usted dirigirá su mensaje. Debe visualizarse que ya está en el estrado o podium. Debe visualizarse hablando ante el público. Debe sentir que usted tiene confianza. Debe sentir que usted conoce el tema. Debe ver a la audiencia que está cautivada e interesada por lo que usted les está diciendo. Debe escuchar los aplausos del público cuando ha terminado su exposición. Si logra representar esa imagen en su mente, usted estará visualizando y la visualización le ayudará a lograr su objetivo. La visualización es efectiva.

Si quiere participar en un evento deportivo, usted debe representar en su mente tal evento. Debe sentir en los músculos el esfuerzo que está realizando para lograr su propósito. Debe verse participando. Debe verse llegando a la meta alcanzando el tiempo o superando la marca que usted ha previsto. Si puede representarse esa imagen en su mente, usted estará visualizando y la visualización le ayudará a lograr su objetivo. La visualización es efectiva.

Los deportistas que participan en ligas profesionales o en las Olimpiadas utilizan la técnica de la visualización como parte regular de su entrenamiento para lograr superar sus metas personales. En algunos casos, esta representación mental es tan vívida, intensa y real que los deportistas, durante la visualización, transpiran y los latidos de su corazón son más rápidos como si estuviesen realmente participando en la competencia. Esto es una demostración que el poder de la mente es real y que tiene gran efectividad.

Los jugadores de golf antes de lanzar su golpe visualizan la trayectoria de la bola hasta su llegada al hoyo. Los jugadores de baloncesto, en los tiros libres especialmente, visualizan primero la trayectoria de la bola hasta entrar en el aro antes de efectuar su lanzamiento. Los jugadores de tenis antes de efectuar sus saques visualizan la trayectoria de la bola hasta llegar al campo contrario.

Los esquiadores, al visualizar, sienten la brisa fría en las mejillas y los movimientos de su cuerpo sobre las ondulaciones de la pista cuando visualizan los desplazamientos en la nieve. Los nadadores sienten el contacto del agua y los movimientos de ésta al desplazarse en el estilo en que están nadando, así como la coordinación de la respiración y los movimientos de sus brazos y piernas.

Los atletas visualizan las diferentes partes de su prueba y representan en su mente todos los movimientos que hacen durante la prueba atlética. Los que participan en las pruebas de pista se ven inclinados durante las curvas o haciendo el esfuerzo adicional en la recta final y sienten la satisfacción de traspasar la meta. Cuando se ve a un saltador de garrocha, de salto alto, largo o triple que se está preparando para su prueba, se le ve que primero está representando en su mente todos los movimientos que tiene que hacer para cumplir su objetivo, está visualizando. Todos esos deportistas, antes de realizar la prueba, primero están visualizando el éxito que desean obtener.

En realidad, hay ilimitadas formas para visualizar. Haga que sus visualizaciones sean únicas, tal como es usted y tal como son sus deseos. Visualice siempre los resultados positivos. Visualice lo bueno que es lograr lo que se quiere. Visualícese siempre como una persona amplia, generosa, agradecida y dispuesta a ayudar a los demás.

Mediante la visualización usted no solo puede "programar" sus deseos y objetivos sino que también puede "reprogramar" su actitud para curar definitivamente algunas heridas emocionales existentes.

En general, para lograr algo, hay que representárselo primero en la mente. Todo, absolutamente todo, se crea primero en la mente. Nadie puede lograr algo que, primero, no se ha representado en la mente.

La visualización es una técnica que se usa cada vez más. Es muy efectiva. Usela usted también. Haga que la visualización trabaje para usted. Tenga confianza en la visualización. Practíquela una y otra vez hasta que usted domine esta técnica.

La habilidad de usar con éxito la visualización depende de la efectividad de la representación mental. La representación en su mente debe ser nítida, precisa, clara, "real".

Cuando tiene automotivación, su imaginación estará libre y usted sabe que puede crear y obtener todo lo que visualice. Mediante el proceso de la visualización puede traer el futuro al presente. Conforme va teniendo e incrementando esta habilidad estará en mejores condiciones para lograr lo que realmente quiere.

Al igual que los deportistas, si practica la visualización en su proceso de fijación de metas y en su plan de acción, logrará todo lo que se ha propuesto. Usted debe representarse previamente en su mente todos los pasos que debe tomar. El resultado será más fácil ya que ha sentido previamente las emociones, ha encontrado los obstáculos y los ha superado en su mente y, por lo tanto, estará mejor capacitado para triunfar y alcanzar el éxito. Use esta técnica de visualización para cristalizar sus objetivos y para cristalizar su éxito.

La visualización y la concentración

La visualización ayuda a la concentración. Cuando ejercita la visualización usted elimina en su mente todo aquello que pueda perturbar u obscurecer su objetivo y por lo tanto usted logrará concentrarse mejor en las actividades requeridas. Al despejar en su mente la niebla o neblina que empañan la visión, sus metas aparecerán muy claras en su mente.

La capacidad de aumentar la concentración es uno de los grandes resultados beneficiosos del uso de la visualización.

La visualización de sus metas está totalmente bajo su control porque son sus propias metas personales. Nadie podrá visualizar por usted ni usted podrá visualizar por otros. Usted debe tomar todo el tiempo que sea necesario para representar en su mente lo que quiere ser, lo que quiere tener, lo que quiere lograr, lo que quiere hacer. Esa imagen debe estar suficientemente clara hasta que no quepa la menor duda de lo que quiere realizar. Debe visualizar hasta el mínimo detalle. Cuando mejor sea esa visualización estará más concentrado en los pasos por seguir.

La visualización le ayuda en la concentración de las actividades que son necesarias. Usted desechará mentalmente las actividades innecesarias y se mantendrá constantemente enfocado o enfocada en lo que quiere lograr.

Con el uso correcto de la visualización y la concentración en los detalles ahorrará tiempo, energía y dinero al descubrir los posibles errores y conflictos que pudieran existir antes de que sean reales, antes de que se presenten en la situación real. Usando su imaginación puede hacer correcciones a su plan antes de su ejecución.

La visualización y la confianza

Cuando establece metas y usa el poder de la visualización al representarse como si ya está estuviera en posesión de ellas, usted desarrolla casi instantáneamente un aumento de confianza en sí mismo ya que en su mente usted ha alcanzado "en forma real" las metas que se había propuesto alcanzar. Este proceso aumenta inmediatamente la confianza en usted. Esto es uno de los grandes beneficios de usar la imaginación para visualizar.

Mediante el poder de la visualización podrá hacer los cambios que desee de su personalidad para progresar en la vida. Es mediante la visualización que puede prever las situaciones futuras y, por lo tanto, cuando llegue el momento de actuar, ya no estará en lugares o situaciones desconocidas.

Cuando usted se visualiza como que ya está teniendo esos nuevos hábitos o costumbres, se sentirá bien y ese sentimiento reforzará su confianza en sí mismo.

El poder o la capacidad de producir sentimientos de confianza y de creer que es posible, es lo que diferencia la visualización auténtica de la fantasía. La fantasía es un escape de la realidad y no conduce a nada productivo. La visualización es la representación real en su mente de lo que quiere ser, tener, lograr o hacer. La fantasía es mera ilusión sin fundamento de ninguna clase.

La persona fantasiosa no intenta transformar en acción sus fantasías. Es una persona ilusa que no es capaz de ver objetivamente la realidad y no es capaz de pisar tierra firme. Está en las nubes. En cambio, la visualización es constructiva ya que le ayudará a convertir en realidad sus sueños. La visualización impulsa a la acción.

Mediante la visualización usted se prepara mentalmente a seguir los diferentes pasos de su plan de acción y a actuar en dirección a sus metas.

Cuando desarrolla la visualización usted desarrolla confianza y usted cree y reafirma que sí es posible y que se puede realizar. Usted, al creer que sí se puede convierte la posibilidad en una auténtica realidad.

Cuando domina la visualización, en realidad ya está logrando, en cierto sentido, su meta. Usted ya está sintiendo los beneficios de ese logro y por lo tanto generará la energía interna, la automotivación, para actuar de la mejor forma posible. Como ya está sintiendo los beneficios de haber logrado sus metas, se sentirá con más confianza y actuará con más confianza.

Mediante la visualización será capaz de diferenciar lo real de lo irreal, lo que es factible o lo que es una simple fantasía. Cuando visualiza está en camino hacia el éxito, en camino para lograr las metas personales de valor que se ha fijado y que está trabajando por conseguir. Usted está en el camino adecuado hacia la realización progresiva de sus metas personales que son de valor y que han sido predeterminadas.

Desarrollando el arte de la visualización

Para desarrollar el arte de la visualización hay que usar la imaginación. Cuanto más haga uso de su imaginación los resultados que obtendrá serán mejores. Tenga confianza en su imaginación. Tenga confianza en el poder de la visualización.

Usted puede desarrollar el arte de la visualización hasta un grado que posiblemente no lo espera ni se lo imagina. La primera etapa es la de dar rienda suelta a su imaginación. Atrévase a soñar, atrévase a usar su imaginación al máximo. Libere su potencial creativo. Olvídese o deje de lado todas las inhibiciones. No haga ninguna crítica a sus ideas.

Cada día dedique un tiempo para realmente liberar su imaginación. Represente imágenes como si ya estuviera en posesión de lo que quiere. Trate de ver en su imagen los detalles, siéntalo como una realidad. Proyecte en una pantalla imaginaria la representación de lo que usted quiere. Véase en esa pantalla en actual posesión de lo que quiere lograr. Imagínese que es una película que está viendo en la que se muestra el éxito que usted ha logrado. Vea la película o representación con detenimiento, observe los detalles, use todos sus sentidos para que la imagen sea lo más real posible. Usted puede eliminar las escenas que no le agradan como también puede agregar otras que son más convenientes para sus objetivos.

Cuando esté visualizando, concentre su atención en los resultados. No se preocupe en ese momento de pensar en el cómo lo va a hacer; en esta etapa lo que es importante es que se represente la imagen de lo que usted quiere.

La imaginación vívida conduce a un ardiente deseo, el deseo conduce a la acción y a la confianza y al final crea las circunstancias y oportunidades que usted puede aprovechar para obtener los resultados.

Si usted pasa algún tiempo, todos los días, visualizando sus metas y luego actúa, usted alcanzará más fácilmente los objetivos que son importantes para usted.

William Thackeray, novelista inglés del siglo XIX, dijo: "El mundo es un espejo. A cada persona le muestra el reflejo de sus propios pensamientos".

Para ayudar a la visualización al principio, usted podrá usar fotografías, dibujos, gráficos, etc., y podrá hacer los cambios necesarios en su mente para una mejor representación de su meta.

La visualización es un proceso. La visualización es un arte y para dominarlo hay que practicarlo diariamente. Crear sus propias escenas en la forma más vívida posible es la clave para un correcto uso de la visualización. La visualización se puede mejorar y mejorar. Se requiere práctica para poder hacer uso de esta valiosa herramienta mental que nos ayudará a lograr las metas y tener éxito en la vida.

El logro de lo que usted se propone está en relación directa al mejor uso de la visualización. Al visualizar mejor usted tendrá más energía creativa que disponible para crear la realidad que desea.

La visualización es la herramienta mental que le ayudará a ser lo que usted quiere ser.

14

Las afirmaciones

Lo que usted dice es lo que obtiene.

Para tener una actitud mental positiva y automotivarse en todo momento hay que hacer uso de las afirmaciones. Una afirmación es una declaración que mediante la repetición se implanta en el subconsciente y que influye en fuerzas exteriores para hacer un cambio en su actitud, en su comportamiento y en su vida. La afirmación es una poderosa herramienta mental para el autodesarrollo. El uso constante de las afirmaciones sirve para alimentar al subconsciente computador.

Una afirmación es una declaración positiva de lo que usted cree es verdad, una verdad que usted cree y desea vivir con ella. Son pensamientos positivos que le ayudarán a transformar sus creencias y actitudes. "Lo que usted dice es lo que obtiene". Este sencillo pensamiento pone en evidencia una de las más importantes herramientas espirituales para el autodesarrollo y superación personal.

Una afirmación es un pensamiento positivo o idea en la que conscientemente se concentra para obtener un resultado deseado. Es el acto de expresar su creencia en la verdad de una frase. La afirmación es una herramienta que puede cambiar su pensamiento, su actitud y su comportamiento. Cuando usted usa una afirmación con repetición espaciada hace un gran impacto en su pensamiento, en su actitud y en su comportamiento convirtiéndose en una poderosa fuerza que produce los resultados que está deseando.

La repetición constante de una afirmación establece, lentamente, que una creencia es posible, que es un hecho, que es real. Cuando esa idea es real en su mente, cuando usted cree en ella, empieza a ser real en su vida mental.

Una de las más poderosas fuerzas en el mundo es la palabra. Las palabras positivas de amor, esperanza, ánimo y optimismo pueden elevar a una persona a las cumbres más altas. Las palabras negativas de odio, frustración, pesimismo, desánimo o vulgaridad pueden hundir a una persona en un abismo muy profundo o pueden destrozarla. Como las palabras tienen mucha fuerza, se usan palabras en las afirmaciones.

Una afirmación es un pensamiento positivo o idea en la que usted se concentra conscientemente para obtener un determinado resultado. La afirmación es una herramienta simple pero de una fuerza extraordinaria que le ayudará a obtener y convertir en realidad lo que quiere y cree. Para que las afirmaciones sean efectivas hay que usar la repetición para que el subconsciente pueda grabarlas y para que sepa que esas ideas son importantes para usted.

Las afirmaciones se pueden usar para lograr lo que se quiere en cada una de las áreas de la vida. Por eso es importante usar afirmaciones en varias áreas de la vida para lograr un equilibrio, un balance y un desarrollo armonioso, es decir, para lograr un balance espiritual.

Cómo trabajan las afirmaciones

Las afirmaciones trabajan sobre la base de los siguientes principios:

1. Lo que usted obtiene en la vida o lo que es, está en directa relación a lo que usted cree, es decir a sus pensamientos y a sus creencias.

2. Si usted cambia sus pensamientos usted cambia su realidad.

3. Sus pensamientos se expresan a través de la palabra escrita o hablada.

4. Son emocionales. Actúan directamente sobre el aspecto emocional.

Las afirmaciones se usan en todos los aspectos de la vida, tales como salud, dinero, trabajo, riqueza, relación personal, autoestima, eliminación de preocupaciones o cualquier logro físico o espiritual que usted quiere conseguir. El uso de las afirmaciones debe convertirse en un hábito.

Las técnicas del uso de afirmaciones se han usado desde hace siglos. Todos, en alguna forma, usamos o hemos usado afirmaciones en forma consciente o inconsciente. Los proverbios o dichos que se van transmitiendo de generación en generación, son un tipo de afirmaciones. Algunos ejemplos de esos proverbios o dichos son:

· Más vale pájaro en mano que ciento volando.

· Al que madruga Dios le ayuda.

· No por mucho madrugar se amanece más temprano.

· Al que nace barrigón aunque lo fajen de chico.

· Mas vale malo conocido que bueno por conocer.

Estos proverbios o dichos que se repiten son afirmaciones. Lo que sucede en la mayoría de los casos es que usamos afirmaciones negativas que van limitando nuestra capacidad de imaginar, de crear, de asumir riesgos, de lograr cosas de gran trascendencia.

Cualquier idea que una persona se repita a sí misma, ya sea falsa o verdadera, acabará por creer en ella y asimilarla. Ralph Waldo Emerson lo expresó: "Una persona es lo que piensa que es".

Si usted se repite: "Yo no soy bueno para nombres, nunca me acuerdo de los nombres", no se sorprenda si usted no recuerda los nombres de las personas que conoce.

Si usted se repite: "Yo siempre me olvido de las cosas" o "Nunca me acuerdo donde pongo las cosas", no se sorprenda que usted se olvidará dónde ha puesto las cosas.

Si usted se repite: "Odio las matemáticas", no se sorprenda que a usted no le gusten las matemáticas.

Si usted se repite: "Nunca me salen bien las cosas que hago", no se sorprenda de los resultados negativos que obtendrá.

Las afirmaciones afectan tanto al físico como a la actitud mental. Si una persona se repite "me siento enfermo" o "creo que estoy enfermo", seguramente se enfermará más rápidamente que aquella que se dice "me siento bien". Las afirmaciones son muy poderosas. En un estudio se llegó a la conclusión de que aproximadamente el 75 por ciento de las personas que se hacen ver por un médico sufren de alguna dolencia sicosomática, inducida por pensamientos negativos.

Tanto las afirmaciones negativas como las positivas funcionan. Ambas son efectivas. Está comprobado que las afirmaciones trabajan. Por lo tanto, al usar solamente afirmaciones positivas usted está comenzando el proceso de cambiar creencias negativas o improductivas por creencias positivas que le ayudarán a ser la persona que quiere ser.

Use afirmaciones que le ayudarán a obtener lo que usted se propone. Si usted quiere modificar alguna actitud en el sentido positivo, usted puede usar afirmaciones que le ayudarán en ese aspecto. Por ejemplo, si usted desea tener más control sobre su temperamento podría usar esta afirmación:

Yo mantengo control de mis emociones y reacciones en todo momento y en toda circunstancia.

Si usted repite diariamente este pensamiento usted tendrá control de su temperamento.

Si usted desea mejorar las comunicaciones con sus hijos podría usar esta afirmación:

Yo escucho con atención lo que mis hijos me dicen y comprendo tanto lo que me dicen como sus sentimientos. Yo respeto sus puntos de vista.

Si usted se repite diariamente este pensamiento usted tendrá una buena comunicación con sus hijos.

Las afirmaciones se registran en su subconsciente computador. Las afirmaciones controlan sus acciones, sus emociones y sus actitudes de acuerdo con el mensaje que está usando.

¿Cómo se formulan las afirmaciones?

Al comienzo puede usar afirmaciones "prestadas" que ha leído o escuchado de otras personas. En el capítulo siguiente se presentan ejemplos de afirmaciones para diferentes circunstancias que le pueden servir de guía en una etapa inicial. Inmediatamente después, usted debe empezar a formular sus propias afirmaciones que tengan relación directa con los objetivos que ha formulado y con sus valores personales. Es importante que empiece a escribir sus propias afirmaciones lo más pronto posible.

A continuación se indican algunas pautas para formular afirmaciones:

1. Para que las afirmaciones sean efectivas se debe usar la primera persona, el yo.

Se debe usar siempre la primera persona, yo. Esto reafirma la importancia que nadie puede hacer afirmaciones por usted ni usted puede hacer afirmaciones para otras personas o por otras personas. Las afirmaciones son efectivas cuando forman parte de la persona. Al escribir "yo", usted se está involucrando directamente. Usted es el actor o actriz principal y más importante. También representa un total compromiso suyo de vivir de acuerdo a lo que está afirmando.

2. Para que las afirmaciones sean más efectivas deben estar escritas en el tiempo presente.

Escriba sus afirmaciones en el tiempo presente, como si la experiencia estuviese pasando en este preciso instante. Por consiguiente usted debe decir: "Yo estoy sereno" en lugar de "Yo estaré sereno". Cuando se usa el futuro en una afirmación es muy posible que esa idea se quede siempre en el futuro.

Es necesario e importante sentir la experiencia ahora, en este momento, de que usted ya está en posesión de lo que quiere.

Al comienzo algunas personas tienen algún problema de usar el tiempo presente. Puede ser difícil decir "Yo soy el gerente de la empresa" cuando usted sabe que en este momento no es verdad. Pero la afirmación es una herramienta, una herramienta mental. Al igual que una herramienta de carpintería, de jardinería, de mecánica o de precisión o como cualquier herramienta, no es ni verdadera ni falsa, es sólo una herramienta.

Las afirmaciones, como herramientas mentales expresan su creencia en la realidad de una futura verdad. Escriba siempre sus afirmaciones en presente.

3. Las afirmaciones deben ser positivas.

Las afirmaciones deben ser positivas. Escriba afirmaciones en los términos más positivos que sea posible. Afirme lo que usted quiere, en lugar de lo que no quiere. No use afirmaciones negativas. Cuando usted formula una afirmación negativa es más difícil hacerse una representación mental. Por ejemplo si usted dice "Yo no estoy molesto", es más difícil representar en la mente el "no estar molesto" ya que para el subconsciente computador cuando registra el "no" y "molesto". No es muy claro. Es mejor decir "Yo estoy feliz". En esta situación usted puede representarse en forma confiada y feliz ante esa situación dada. Es más fácil hacerse una representación mental en una situación positiva. Escriba siempre sus afirmaciones en forma positiva. Las afirmaciones positivas tienen más fuerza.

4. Las afirmaciones deben ser concisas y específicas.

Las afirmaciones concisas y específicas son fáciles de decir y de repetir. Tienen un mayor impacto en el subconsciente — en el subconsciente computador—. Use afirmaciones claras, cortas, en función de lo que quiere ser, tener, lograr y hacer.

¿Cuándo se deben usar las afirmaciones?

La repetición de las afirmaciones es importante para que se impriman en forma indeleble en su subconsciente. Al usar las afirmaciones en forma repetida su subconsciente las registrará y posteriormente aflorarán al nivel consciente cuando usted las necesite. ¿Cuándo se deben usar las afirmaciones? La mejor manera de usar las afirmaciones es en las mañanas, en cuanto se despierta, para que tengan un efecto positivo en su actitud al empezar el día y pueda tener influencia durante todo el día. Si usted empieza el día con una buena afirmación su actitud será favorable para realizar buenas acciones y lograr buenos resultados durante todo el día. Al centralizar su energía positiva, desde el inicio del día, usted obtendrá mejores resultados.

Un ejemplo de afirmación para empezar bien el día y tener una actitud mental positiva durante todo el día es la siguiente:

Hoy es un día magnífico. Hoy es un día excelente. Yo disfruto de este día. Gracias Dios mío por este hermoso día.

Es conveniente volver a leer las afirmaciones en la noche al acostarse, para reafirmar una vez más qué es lo importante para usted. Así su subconsciente computador las registrará y se pondrá a trabajar mientras usted descansa.

Después, debe leerlas varias veces para hacer uso de la repetición espaciada para reafirmar sus creencias. Las afirmaciones se deben repetir diariamente y durante varios días y semanas.

Lo importante es que encuentre el mejor momento para usar las afirmaciones. Recuerde que usted es único. Usted debe saber cuál es su mejor momento. También es recomendable que sea siempre a la misma hora para formar un hábito.

"La afirmación es la madre del aprendizaje". Esto lo dice Douglas Bloch en su interesante libro *Words that Heal* (*Palabras Que Curan*).

Cuando usted repite las afirmaciones está programando su subconsciente con las ideas positivas que van a ayudarle a obtener todo lo que desee. Usted está reemplazando ideas negativas por ideas positivas.

La persistencia al usar afirmaciones es mucho más productiva que si se las usa en forma esporádica. Mediante la repetición constante de una palabra, de una frase, usted genera un "campo magnético" que atrae hacia usted la condición que está deseando. Tenga cuidado con lo que piense, porque puede ser una realidad.

Las afirmaciones se pueden usar para casos generales o específicos. La aplicación de las afirmaciones en la psicología deportiva es muy común. La preparación mental mediante el uso de afirmaciones es importante para reafirmar la fortaleza mental y confianza necesarias para competir exitosamente. Como ejemplo se citan las afirmaciones usadas por un deportista en el día de una competencia:

· Yo estoy relajado y tengo gran confianza en mi capacidad.

· Hoy, yo soy un campeón.

· Yo tengo gran energía y estoy muy bien preparado para los retos de hoy.

· Hoy, yo puedo controlar mi mente y mi cuerpo.

· Hoy, yo merezco actuar muy bien.

· Yo estoy preparado física y mentalmente para superar mis marcas.

Randall Rattan, Ph.D., en *Channeling Your Mental and Physical Energy (Canalizando Su Energía Mental y Física)*, aplicado al levantamiento de pesas, indica: "El uso de afirmaciones es especialmente útil en aquellos momentos 'vacíos' en el día antes de la prueba de levantamiento de pesas. Cuando es demasiado pronto para empezar el calentamiento y demasiado tarde para no sentir la energía del esfuerzo inmediato. Las afirmaciones son una manera de llenar su cerebro con pensamientos e imágenes positivas durante este tiempo de preparación".

¿Cómo escribir las afirmaciones?

Escriba sus afirmaciones en tarjetas y colóquelas en el baño, en la puerta de su refrigeradora, en su escritorio, en su agenda, donde usted pueda verlas durante el día. Llévela en el bolsillo de su camisa, en su billetera, en su cartera o en cualquier otro lugar donde usted pueda tomarla y leerla con facilidad y en el momento que desee. Léala cuando tenga algún tiempo libre o cuando necesite una reafirmación positiva de ánimo para continuar en la acción. No las escriba solamente en una computadora, así sea una computadora portátil, porque las afirmaciones deben estar muy cerca de usted y deben ser accesibles en todo momento. Además de tenerlas en una tarjeta usted puede tenerlas en su computadora.

Cuanto más use las afirmaciones más fuerza tendrán sus pensamientos positivos y más rápidamente obtendrá lo que quiere. Sin darse cuenta esas afirmaciones formarán parte de su ser y usted será otra persona.

Tenga confianza en las afirmaciones

Al comienzo, muy probablemente, usted tendrá que luchar contra su consciente y contra su escepticismo para poder usar las afirmaciones. Es común que esto suceda en la mayoría de las personas. Usted pensará que no es posible que tengan efecto, que es "ridículo", que usted cree sólo en cosas tangibles, que usted es una persona realista y pragmática, etc.

Esta forma de pensar es consecuencia del acondicionamiento mental formado a través de mucho tiempo, prácticamente de toda una vida. Atrévase a romper los hábitos del conformismo. Luche contra esas ideas negativas y haga la prueba. Solamente haga la prueba y muy pronto verá sus extraordinarios resultados.

Todas las personas reciben diariamente gran cantidad de imágenes, pensamientos e ideas negativas a través de la radio, los periódicos, las revistas, la televisión así como de comentarios de amigos o personas conocidas. Los medios de difusión usan la información negativa ya que es la que más atrae al público pero es la que más daño hace a las personas.

Por eso cuando usamos las afirmaciones que hemos formulado se fortalecerá nuestra actitud mental positiva y las ideas negativas que recibimos del mundo exterior no tendrán ningún efecto en nosotros.

En el Evangelio de San Marcos (11:24) está escrito: "Por eso les digo: todo lo que pidan, crean que ya lo han recibido y lo recibirán".

Sea paciente, persevere y sea persistente. Las afirmaciones tienen una fuerza real muy poderosa.

Si usted repite las afirmaciones, su subconsciente las registrará y sabrá que son importantes para usted y esas ideas positivas pasarán al consciente cuando usted tenga necesidad de ellas.

Empiece ahora, hoy día. ¡Tenga confianza! ¡Sí funcionan! ¡Sí trabajan! La fuerza de las afirmaciones es real.

Tipos de afirmaciones

Los tipos de afirmaciones podrían depender de la imaginación de las personas; en realidad no hay límites. Sin embargo, deseo mencionar cuatro tipos de afirmaciones que son muy prácticas: la afirmación verbal, la afirmación visual, la afirmación numérica y la afirmación de actividad.

1. La afirmación verbal

La afirmación verbal es la palabra, oración o conjunto de palabras que representan las ideas y actitudes que usted desea tener. Cuando escribe esas afirmaciones y las repite, poco a poco formarán parte de usted. Un ejemplo de este tipo de afirmación es la que usó Muhammad Ali cuando él proclamaba repetidamente ante todos "Yo soy el mejor". Al usar esta afirmación constantemente Muhammad Ali se convirtió en uno de los pugilistas y deportistas más grandes del mundo y así fue reconocido en la inauguración de las Olimpiadas de Atlanta, los Estados Unidos, en 1996.

2. La afirmación visual

La afirmación visual puede ser el ver una figura, dibujo, fotografía de algo que usted desea. Al ver esa representación visual usted recordará lo que quiere y tomará las acciones necesarias para obtenerlo. Por ejemplo, si usted quiere un modelo particular de un automóvil, usted puede hacer que le tomen una fotografía junto al modelo del auto que desea. Si usted coloca esta fotografía donde pueda verla todos los días, es una afirmación de lo que quiere obtener.

3. La afirmación numérica

La afirmación numérica es aquella que se establece sobre la base de un número o combinación de números que tengan un significado especial para usted. Por ejemplo, para un vendedor su afirmación podría ser "12-3-1", que significa que tiene que hacer 12 llamadas telefónicas para hacer tres citas de presentación de su producto o servicio y el resultado será una venta. Puede ser una cantidad de dinero que usted desea tener, una fecha especial o la combinación de números.

4. La afirmación de actividad

La afirmación de actividad es la repetición de una acción que afecta su actitud mental. Si usted es padre o madre y quiere estimular a su hijo a la lectura, da a leer un cuento todas las tardes a su hijo está haciendo una afirmación en la formación de los hábitos de lectura, de aprender, de comprender y de desarrollar el conocimiento.

Cuando adquiere el hábito de usar afirmaciones, podrá formularlas y usarlas para cualquier situación o circunstancia de la vida. El uso de afirmaciones le ayudará a controlar o modificar sus actitudes, establecer nuevos hábitos o incorporar nuevos patrones de comportamiento en función de las metas personales que se ha establecido y de lo que quiere lograr. Hay muchos ejemplos de afirmaciones en los diferentes libros y casetes sobre fijación de metas, motivación o desarrollo personal.

Ejemplos de afirmaciones

Una famosa afirmación positiva, usada mucho en los Estados Unidos, es la del W. Clement Stone que es la siguiente:

¡Me siento bien, me siento feliz, me siento formidable!

Otra afirmación de inspiración para la vida muy conocida es la de Norman Vincent Peale, que es la siguiente:

Dios me ha hecho fuerte. Me veo como realmente soy —fuerte—. Con la ayuda de Dios, no soy débil, soy fuerte. Tengo lo que necesito. Gracias, Dios mío, por mi fortaleza.

Paul J. Meyer, fundador de Success Motivation Institute, se inició como vendedor de seguros y muy rápidamente logró hacer muchas ventas convirtiéndose en un gran vendedor. Paul J. Meyer escribió sus afirmaciones para hacer ventas. Estas afirmaciones le ayudaron y han ayudado a miles de vendedores que las han usado. Estas son sus afirmaciones:

- Soy un gran vendedor. Yo estoy preparado para hacer esta venta. Yo me he ganado el derecho de hacer esta presentación. Yo tengo el tiempo para hacer mi presentación en forma completa y en condiciones favorables. Usaré atención controlada, energía concentrada y esfuerzo sostenido. Yo haré la venta y ganaré un amigo.

- No puedo decir lo que está detrás de la puerta, pero esto lo sé y lo sé bien, cuantas más puertas abra más venderé.
- Tengo todo por ganar y nada que perder al tratar, por lo tanto trataré.
- ¡Lo haré ahora!

Uso de afirmaciones

Como se indicó en el capítulo ocho, "Programando su subconsciente computador", es muy importante usar afirmaciones para lograr todo lo que se desea. Las afirmaciones tienen una gran fuerza y poder que pueden cambiar su forma de pensar, su actitud y su comportamiento. Hay que hacer uso de las afirmaciones para que le ayuden a lograr el éxito y la felicidad.

Hay muchas maneras de hacer uso de las afirmaciones. Lo importante es que las use en el momento y en la manera que es mejor para usted.

Recuerde que la manera de formular una afirmación es escribiéndola en primera persona (utilice el "yo"), debe ser una expresión positiva y como si ya se hubiese realizado. Las afirmaciones más importantes son las que usted mismo ha escrito, ya que están sobre la base de sus propias metas personales, sus creencias, sus valores y reflejan lo que quiere ser, quiere alcanzar y quiere tener.

En el capítulo 15, se indican unos ejemplos de afirmaciones para diferentes situaciones. Se muestran sólo como ejemplo y para darle una idea de cómo se pueden formular afirmaciones. Lo importante es que, con sus propias palabras, con sus propios valores, formule las afirmaciones en las que usted cree. Al ser sus propias afirmaciones tendrán mayor efecto en usted. Sus afirmaciones le ayudarán a conseguir lo que usted quiere lograr en esta vida. Empiece a usar afirmaciones. Use afirmaciones desde hoy y todos los días y usted verá los resultados muy pronto.

Cuando se encuentre ante un obstáculo, ante alguna dificultad o contratiempo las afirmaciones que ha estado usando le ayudarán a sobreponerse de esa situación. Su deseo de alcanzar la meta será más fuerte que el obstáculo. Su deseo es más fuerte, más sólido, más profundo porque usted ha estado usando afirmaciones.

Empiece a usar afirmaciones hoy, y continúelas usando diariamente y durante todos los días de su vida. Escriba sus afirmaciones en tarjetas. Haga varias tarjetas. Uselas al levantarse, en el baño. Tenga una en el automóvil, léala antes de arrancar el motor; tenga una en su escritorio, léala varias veces al día. Lea las afirmaciones en su lugar de trabajo antes de empezar las labores diarias. Si usa un medio de transporte colectivo, lea sus afirmaciones mientras está viajando a su lugar de destino. Léala antes de dormir. La repetición es muy importante.

Use las afirmaciones diariamente, repítalas varias veces hasta que formen parte de su actitud. Después elija otras afirmaciones y repítalas hasta que estas nuevas afirmaciones sean parte de su actitud mental. Luego use otras afirmaciones y así sucesivamente. Las afirmaciones se deben usar todos los días durante toda su vida. Mediante la repetición, esas ideas positivas entrarán a su subconsciente y cuando las necesite saldrán, sin que usted se dé cuenta, a su consciente y le ayudarán a tomar la mejor decisión en función de sus metas personales. Desarrolle el arte de usar afirmaciones hasta que formen un hábito en usted. Con la práctica usted hará afirmaciones que realmente tengan un valor y un sentido para usted.

La afirmación es una herramienta
mental valiosa que nos ayudará a ser
lo que queremos ser.

15

Ejemplos de afirmaciones

Mediante las ideas se puede cambiar
la actitud y el comportamiento

Como se indicó en el capítulo anterior, es muy importante usar afirmaciones para lograr todo lo que se desea. Las afirmaciones tienen una gran fuerza y poder que pueden cambiar su forma de pensar, su actitud y su comportamiento en la vida. Las imágenes mentales positivas le darán fuerza para convertir en realidad sus deseos.

Escríbalas en una o varias tarjetas y léalas varias veces, en la mañana (al levantarse), por la tarde y en la noche (antes de dormir). Tenga una en su automóvil, otra en su lugar de trabajo. Si usted usa un transporte público para ir a trabajar, lea su afirmación mientras está en camino a su destino.

Lea una y otra vez sus afirmaciones. La repetición es muy importante. Mediante la repetición se logrará que las ideas positivas se graben en su subconsciente.

Es conveniente que formule sus propias afirmaciones, con su propio estilo y en sus propias palabras para que sean realmente parte de usted.

Recuerde que la manera de formular una afirmación es escribiéndola en primera persona (utilice el Yo), debe ser una expresión positiva y como si ya se hubiese realizado. Las afirmaciones más importantes son las que usted ha escrito, ya que están sobre la base de sus propias metas personales, sus creencias y reflejan lo que quiere ser, quiere alcanzar y quiere tener.

A continuación se indican una serie de afirmaciones para diferentes situaciones y solamente como ejemplo. Todas son excelentes y se ha comprobado que trabajan y que ayudan a mantener el espíritu en forma optimista para lograr las metas y convertir los sueños en realidad.

Seleccione la que más se adecue a su situación o momento particular actual. El uso de estas afirmaciones le ayudará a alcanzar sus metas en las diferentes áreas de la vida.

Empiece a usar afirmaciones, use afirmaciones desde hoy y todos los días y verá los resultados muy pronto.

Para fijar su propio destino

- Yo soy responsable de mi futuro, yo soy responsable de mi propio destino.
- Yo uso mi potencial al máximo para ser feliz y para tener éxito.
- Yo soy responsable de lo que hago y de lo que dejo de hacer.
- Yo siempre elijo lo mejor para mí, mi familia y mi futuro.

Para tener éxito

- Yo soy una persona de éxito.
- Yo tengo la actitud, los conocimientos y las habilidades para tener éxito.
- Yo soy un ganador en todo lo que yo hago.

Para ser feliz

- Yo soy feliz.
- Yo soy feliz, estoy contento y me siento muy bien.
- Yo me atrevo a ser feliz.

Para tener salud

- Dios es mi fortaleza, tengo gran vitalidad.
- Estoy sano, feliz y tengo gran entusiasmo.
- Tengo toda la energía necesaria para realizar lo que me propongo.

Para tener fe

- Mi fe me hace una persona íntegra y completa.
- Tengo fe que nuevas puertas se abren delante de mí con nuevas y buenas oportunidades.

Para superar los problemas

- Yo veo en cada problema una gran oportunidad.
- Cualquiera que sea el problema, Dios me ayuda a solucionarlo.

Para superar los temores

- ¿Si Dios está conmigo, quién puede estar en contra de mí?

Para obtener el mayor beneficio de este mundo

- El mundo es un mundo de abundancia. Yo estoy agradecido de toda la abundancia que hay en el mundo y que está disponible para mí.
- Yo merezco ser feliz y tener amor.

Para escuchar su propia voz interior

- Yo tengo confianza en mi intuición.
- Cuando yo sigo a mi voz interior, Dios me ayuda.

Para ser un alumno permanente

- Toda persona es superior a mí en algún sentido y en ese sentido yo aprendo de ella.

Para prosperidad

- Creo en Dios como la fuente infinita y que se manifiesta en mi vida con abundancia y prosperidad.
- Mi prosperidad contribuye a la prosperidad de otros.
- Yo recibo todo lo que quiero y necesito.

De agradecimiento

- Gracias Dios mío por todas las bendiciones que recibo día a día.
- Gracias Dios mío por la salud, el trabajo, el amor y la capacidad de autorrealizarme.

Para ser generoso

- Cuando más doy a otros, más recibo.
- Yo tengo más de lo que necesito, por lo tanto yo comparto lo que tengo con otros.
- Cada vez que doy algo a otros, regresa a mí multiplicado.
- Para fortalecer la paciencia.
- Mi paciencia es enorme y me ayuda a tener éxito.
- Mi persistencia y determinación hacen milagros.
- Cuando empiezo algo, tengo la paciencia y tenacidad para continuar hasta lograr las metas que me propongo.

Para actuar positivamente

- Yo afirmo solamente lo mejor de mí y lo mejor de otras personas.
- Mis pensamientos y palabras son positivos, generosos y de aliento.

Para aceptar el cambio

- Yo me adapto al cambio, ya que el cambio es lo único que es permanente.
- Mi mente y mi espíritu son amplios para aceptar lo nuevo.
- Yo me estoy renovando constantemente para ser mejor y mejor.
- Yo siempre estoy dispuesto a aceptar nuevas ideas, nuevas oportunidades y nuevas circunstancias.
- Estoy cambiando, desarrollando y creciendo constantemente y cada día soy mejor y mejor.

Para ser entusiasta

- Yo tengo entusiasmo y mi entusiasmo contagia a los demás.

Para la autoestima

- Yo estoy bien, yo estoy muy bien.
- Yo soy una persona importante.
- Yo tengo algo importante que ofrecer a los demás.
- Yo soy único.
- Yo soy una buena persona.
- Yo me respeto y respeto a los demás.
- Yo soy el artífice de mi propio destino.
- Yo tengo el valor de ser diferente.
- Yo valgo mucho.

Para tener más confianza en sí mismo

- Yo tengo absoluta confianza en que lograré mis metas.
- Yo soy capaz de hacer todo lo necesario para lograr mis metas.
- Yo sé que lo puedo hacer y lo hago.
- Yo sí puedo.

Para autoanálisis

- Yo sé cuales son mis atributos y mis debilidades y lo que deseo lograr.
- Yo uso el conocimiento que tengo de mí para lograr mis metas.

Para ser sociable y tener amigos

- Yo trato a las personas como quiero que ellas me traten.
- Yo soy una persona agradable.
- Yo tengo un espíritu amplio.
- Yo comprendo el punto de vista de otras personas.
- Yo acepto y respeto las opiniones de otras personas.
- Yo sé que todas las personas son diferentes a mí y las acepto.
- Yo respeto a las personas y a sus opiniones.

Para tener satisfacción en el trabajo

- Yo amo el trabajo que hago y me realizo en él.
- A mí me gusta trabajar y me gusta mi trabajo.
- Yo trabajo dando lo mejor de mí.
- Siempre hago mi trabajo de la mejor manera posible.
- Siempre pienso en cómo mejorar mi trabajo.
- Yo hago el trabajo bien desde la primera vez.
- Yo tengo iniciativa, responsabilidad y trabajo sin supervisión.
- Yo tengo siempre muy buenas relaciones con mis compañeros de trabajo, superiores y subordinados.
- Yo me supero siempre en mi trabajo.
- Yo aspiro siempre a un trabajo de mayor responsabilidad.
- Yo hago mi trabajo siempre por más del dinero que recibo.

Para establecer metas

- Mis metas son lo suficientemente altas que significan un reto para mí.
- Mis metas significan un progreso real.
- Los límites los pongo yo.
- Mis metas son alcanzables.
- Yo tengo metas a corto plazo, a mediano plazo y a largo plazo.
- Yo sé hacia donde voy. Tengo metas que hacen que yo tenga energía, entusiasmo y siempre en ruta hacia mi meta final.

Para visualizar

- Mis metas están claramente definidas y yo las puedo ver en mi imaginación.
- Yo visualizo los diferentes pasos que debo seguir para alcanzar mis metas.
- Yo uso mis habilidades para visualizar el futuro y para que me ayuden a tomar las mejores decisiones.
- Yo comparo las metas que deseo alcanzar en el futuro con mi situación al día de hoy y con mis experiencias del pasado.
- Creo en mi habilidad para alcanzar el éxito ya que yo me veo como si ya he alcanzado mi meta.

Para tener metas por escrito

- Yo escribo mis metas. Las metas por escrito me ayudan a conseguir lo que deseo.

Para cumplir las metas personales

- Mis metas están claramente definidas.
- Yo sé exactamente lo que quiero lograr.
- Yo hago mi plan para lograr mis metas y tomo acción diariamente.
- Yo progreso diariamente para alcanzar mis metas, yo sé exactamente lo que quiero.
- Yo tengo una lista de las metas que deseo alcanzar.
- Yo actúo perseverantemente para lograr las metas que son importantes para mí.
- Yo cumplo mis metas diariamente, semanalmente y mensualmente.
- Yo estoy comprometido para alcanzar mis propias metas.

Para usar mejor la imaginación

- Yo uso mi imaginación y mi creatividad para soñar las metas que deseo lograr.
- Tengo el valor de usar mi imaginación y creatividad en todos los aspectos de la vida.
- Yo tengo una extraordinaria imaginación.
- Yo uso mi imaginación para verme que ya he logrado mis metas.
- Yo tengo siempre gran cantidad de ideas valiosas y saco el mejor provecho de ello.

Para usar el plan de acción

- Mi plan de acción contiene acciones para realizar y alcanzar al año, al semestre, al mes, a la semana, al día y a cada hora.
- Yo sé adónde ir porque tengo un plan de acción.
- Yo reviso mi plan de acción diariamente.
- Cada fin de semana reviso mi plan para la semana siguiente.

Para usar el potencial y los talentos

- Mi potencial es ilimitado.
- Cada día yo uso más de mi potencial.
- Yo reconozco que mi capacidad para lograr el éxito no tiene límites.
- Yo puedo lograr todo lo que deseo.

Para asumir riesgos que signifiquen progreso

- Tengo el valor de tomar riesgos inteligentemente basados en mi conocimiento y en mis sueños.
- Yo tengo valor porque sé que mi potencial para tener éxito es ilimitado.

Para fortalecer los valores personales

- Yo tengo claramente definidos mis valores personales que harán que siempre tome las decisiones correctas.
- Yo tengo un sistema de valores bien definidos en todas las áreas de mi vida.
- Uso estos valores como guías para establecer prioridades.
- Yo vivo mi vida de acuerdo a los valores que he escogido.

Para establecer prioridades

- Yo tengo bien definidas mis prioridades en todas las áreas de mi vida.
- Uso mis prioridades como guías para hacer mi plan de acción.
- Sé lo que tengo que hacer primero y lo que debo hacer después.

Para perseverar

- Yo seguiré mi plan para lograr mi meta pese a los obstáculos y a las dificultades que encuentre.
- Yo perseveraré hasta alcanzar el éxito.

Para utilizar bien el tiempo

- Yo controlo bien mi tiempo.
- Yo soy bien organizado u organizada y hago las cosas en función de mis metas.
- Yo sé lo que tengo que hacer diariamente y lo hago bien.

Estos son solamente algunos ejemplos de afirmaciones que usted puede usar al principio; al comienzo usted puede elegir una, dos o tres afirmaciones que estén en directa relación con su propósito, con lo que usted quiere ser, tener o hacer; después usted mismo debe hacer sus propias afirmaciones, con sus propias palabras, en función de lo que quiere lograr.

Use las afirmaciones diariamente, repítalas varias veces hasta que formen parte de su actitud; después elija otras afirmaciones y repítalas hasta que estas nuevas afirmaciones sean parte de su actitud mental; luego use otras afirmaciones y así sucesivamente.

Las afirmaciones se deben usar todos los días durante toda su vida. Mediante la repetición esas ideas positivas entrarán directamente a su subconsciente y cuando las necesite saldrán, sin que usted se dé cuenta, a su consciente y le ayudarán a tomar la mejor decisión en función de sus metas y valores personales.

¡Usando afirmaciones, usted puede ser lo que quiere ser!

¡Usando afirmaciones, usted puede tener lo que quiere tener!

¡Usando afirmaciones usted puede hacer lo que quiere hacer!

16

La fijación de metas

La fijación de metas es la mayor fuerza
humana para la automotivación.

Paul J. Meyer

La fijación de metas es vital para alcanzar el éxito y la felicidad. La fijación de metas es importante para que usted pueda tener una idea clara de lo que desea en la vida. Sin metas precisas es como estar en un velero en el medio del mar totalmente a la deriva y sujeto a los vaivenes de las olas y del viento. Sin metas, sin notarlo, se estará deambulando por la vida sin hacer uso del gran potencial que Dios nos ha dado.

Una meta se define como algo que conscientemente queremos lograr, cumplir u obtener. La fijación de metas provee un sentido de control sobre lo que hacemos en nuestras vidas y nos permite movernos más allá de las creencias o miedos que pueden limitarnos a que actuemos al máximo de nuestras posibilidades.

Es muy fácil vivir la vida sin metas para deambular sin un rumbo fijo, pero tendrá mayores recompensas cuando se fijan metas y las alcanza. El tener metas nos hace sentir útiles en la tierra al cumplir una misión preestablecida.

Lo que desee, lo que quiera, lo que ambicione, es como una semilla que necesita germinar y desarrollarse. Todo lo que desee y visualice con precisión, podrá lograrlo.

Al igual que las semillas que necesitan agua y nutrientes, el pensamiento que usted tiene debe concretarse y para que se convierta en realidad, usted tiene que fijarse una meta y trabajar en esa idea. Sólo mediante la acción, dedicación, perseverancia, determinación y planeamiento logrará todas las metas que se proponga en la vida.

Recuerde que para hacer uso del potencial ilimitado que tiene, *debe creer* que realmente posee ese potencial. Esto es fundamental. Ese enorme potencial está latente dentro de usted y está esperando que lo aproveche. Usted tiene, primero, que estar convencido de que ese potencial es real y que usted realmente lo posee.

Zig Ziglar, en su libro *Nos Vemos en la Cumbre*, escribió: "La manera como usted vea la vida determinará primordialmente lo que obtenga de ella".

El mundo, como ya hemos visto, es un mundo de abundancia y su potencial es parte de esa abundancia que está en todos los seres humanos. Observe a su alrededor, hay abundancia por doquier.

Si levantamos la mirada en una noche serena, veremos millares y millares de estrellas luminosas que tintinean alegremente en la inmensa bóveda celeste y nos maravillamos de su belleza y grandiosidad.

Si estamos en el mar, sentiremos una sensación especial de que estamos en una imponente e inmensa masa de agua que se mueve por efectos de sus corrientes y por el viento, y que nos maravilla por su abundancia. Si estamos en un lago o en un río, veremos igualmente lo maravilloso que es la naturaleza con la gran cantidad y variedad de peces y flora de tamaños y colores muy variados. Los océanos, con su majestuosidad, están rodeados de bellas playas, con arenas de diferentes clases, tamaños y colores, todo es abundante. En el campo podemos apreciar numerosas plantas, hermosas flores silvestres con gran variedad de formas y colores de las hojas. Todo es abundante. Y todo lo que apreciamos en la naturaleza es creación de Dios.

Las personas tienen abundantes recursos propios

El ser humano, siendo la criatura más perfecta de la naturaleza y que está hecha a imagen y semejanza de Dios tiene abundantes recursos internos para disfrutar de la belleza existente en el mundo. Esos recursos están en nosotros mismos y si queremos ser felices debemos hacer uso del extraordinario potencial ilimitado que está dentro de toda persona. Para disfrutar de esa abundancia, debe empezar, primero, viendo la abundancia que está dentro de usted.

A mediados de 1950, el psicólogo norteamericano Abraham Maslow, después de estudiar la vida de personas que habían tenido éxito, llegó a la conclusión que existe una jerarquía de necesidades que nos motivan para actuar. Maslow expresó que las necesidades fisiológicas y las necesidades de seguridad, amor y pertenencia, y autoestima son más fuertes y que, normalmente, deben ser satisfechas primero, antes de la autoactualización.

Según Maslow, la más alta de estas necesidades es la necesidad de realizar nuestro verdadero potencial, a lo que él llamó "autorrealización".

Una persona autoactualizada es autónoma, curiosa, tiene coraje, capaz de vivir el momento y de integrar experiencias y metas futuras, proclive a experimentar, tiene un carácter democrático, no tiene miedo, tiene un propósito en la vida, se acepta a sí mismo y se siente cómodo con la soledad.

Maslow creía que una persona autoactualizada fija metas que promueven la función humana total y por eso expresó: "lo que un hombre puede ser, él debe ser".

La necesidad que tienen las personas de la autorrealización es tan vital que si no es satisfecha, por lo menos en parte, puede llevar a la desesperación, aburrimiento, apatía y hasta la alienación, a lo que se ha denominado el "síndrome de la decadencia".

Para autorrealizarse hay que hacer uso de todos los talentos y habilidades que se dispone. Hay que hacer uso, al máximo posible, del potencial disponible que cada ser humano tiene. La habilidad de usar este potencial no está reservada sólo para unas cuantas personas privilegiadas. Todos podemos hacer uso de ese extraordinario potencial. Todos los seres humanos tenemos ese potencial. Todos tenemos esta habilidad. Lo que sucede es que muy pocas personas se dan cuenta de eso, no lo usan y deambulan por la vida sin rumbo fijo. Hay numerosos estudios que demuestran que la mayoría de las personas apenas usan un cinco por ciento del potencial que tienen. Esto es una realidad, la gran mayoría de las personas no usan ese potencial que tienen disponible.

Una demostración del extraordinario talento que tenemos todos es que constantemente podemos apreciar sus manifestaciones mediante los nuevos inventos, las nuevas creaciones, las nuevas realizaciones, el constante progreso de la humanidad. El ser humano no tiene límites, siempre se puede hacer mejor, siempre se puede ser mejor. Lo que es usted hoy día, usted puede ser mejor mañana. Tenga presente siempre este pensamiento: "Lo que es usted hoy día, usted puede ser mejor mañana".

Anthony Robbins expresa: "El pasado no iguala al futuro" y el Dr. Robert H. Schuller expresa: "Cualquier cosa que haga hoy, hágalo mejor mañana".

Cuando esté trabajando en la realización de sus metas piense que cada día es un nuevo día, con nuevas oportunidades, un día lleno de abundancia y belleza. Sobre lo pasado ya no se puede hacer absolutamente nada, ya pasó, ya está fuera de nuestro control.

Hoy es el día importante ya que usted puede hacer, hoy, las acciones que lo conducirán al éxito. Atrévase a ser mejor cada día para así buscar y obtener la plena realización de todo su ser. Para lograr esto hay que fijarse metas en las diferentes áreas de la vida y establecer un plan de acción que dirija sus sueños hacia el logro de esas metas.

Lógicamente que convertir los sueños en realidad no es fácil y no se puede sólo esperar en forma paciente que la felicidad llegue a las personas sin que éstas hagan algo por lograrla. No, las personas deben querer ser felices y tener éxito. Hay que tener una idea muy definida de lo que se quiere lograr, hay que trabajar bastante, con pasión, dedicación y perseverancia, para ir logrando, paso a paso, las diferentes metas. No se trata solamente de soñar y soñar, sino hay que actuar en forma decidida en función de las metas personales.

Andrew Carnegie, industrialista y filántropo, tenía el siguiente lema relacionado con las metas y la acción: "Cualquier cosa que valga la pena tener, merece que se trabaje por ella".

Las metas y la motivación

Sin metas precisas, toda la motivación que se pueda tener es como una corriente de energía que se pierde en el vacío, ya que no tiene dirección, propósito o una utilidad específica. Y esa motivación, que en un momento puede ser como una gran fuente de energía, al no obtener resultados concretos se irá disipando y desaparecerá dejando una cierta amargura en el espíritu.

El Dr. Alfred Adler, psiquiatra austriaco, autor del *Conocimiento del Hombre*, expresó: "La principal fuerza humana de la motivación es esforzarse por ser superior, que es lo que impulsa a la adaptación, la superación personal y a dominar los cambios de la vida".

Un aspecto básico de la naturaleza humana es lograr algo, conseguir algo, realizar algo. A través de toda la historia de la humanidad han habido ideólogos, filósofos, poetas, líderes, escritores, estadistas, que han tratado de encender el fuego del entusiasmo e iluminar la capacidad de la imaginación para incentivar a las personas a superarse y a alcanzar el éxito y la felicidad mediante la superación personal, mediante la autorrealización.

Muchas de esas ideas que han formado la base del desarrollo y superación personal y que han dado resultados en sus respectivos tiempos, han sido recogidas en este libro. Además de esas formidables ideas, se ha incorporado un ingrediente muy importante que es presentarlas en forma práctica para que le sirvan de guía a usted. La fijación de metas es como un puente que se construye para unir los deseos a los logros concretos.

El propósito de este libro es guiarlo desde donde usted se encuentra en este momento, hasta la plena realización de su potencial para lograr el éxito y la felicidad. Muchas de las ideas que aquí encontrará aparentemente son muy simples, pero no se deje llevar por esa primera impresión. Sea paciente, tenga siempre una amplitud de criterio y una receptividad para las ideas que irá encontrando y, muy pronto, usted verá los resultados, producto del cambio que experimentará.

Abraham Maslow, en su estudio, encontró también otra muy importante característica entre todas las personas de éxito. Esa característica común era que todos tenían metas muy claras y definidas y al mismo tiempo tenían un propósito en la vida.

Las metas son importantes para lograr el éxito en su vida porque:

· Le permiten decidir lo que es importante.

· Le permiten dejar de lado todo lo que es irrelevante.

· Le motivarán para lograr lo que usted quiere.

· Contribuirán a que su autoimagen sea mejor al ir obteniendo lo que se ha propuesto en la vida.

El cambio y el desarrollo personal

Lo único que es constante en la vida es el cambio. Se requiere de un cambio constante para desarrollarse y crecer. Si no hay cambio se entra en la etapa de la paralización y la decadencia. La superación personal debe ser constante y permanente. Las personas que piensan así son felices hasta que abandonan este mundo, porque constantemente han tenido el espíritu amplio para continuar su autorrealización personal durante todas sus vidas.

El éxito siempre está relacionado con el progreso, el desarrollo y el cambio. Cada vez el cambio se presenta con más intensidad y dinamismo, especialmente por el avance del desarrollo tecnológico que todos podemos apreciar todos los días. A veces, cuando una persona se está adaptando a un cambio, inmediatamente se produce otro y otro. El ritmo es cada vez más vertiginoso. Hay que estar predispuesto a enfrentase y adecuarse a los cambios. Esto es una realidad y hay que aceptarlo. Prepárese para enfrentar el cambio y obtener beneficio de ello.

Muchas personas no aceptan con facilidad el cambio y aun se resisten al cambio. Lo que sucede es que muchas veces hemos estado acondicionados a temer a lo desconocido y por eso no queremos el cambio, muchas veces se prefiere continuar en lo conocido. Ese viejo terrible proverbio tan usado, "Más vale malo conocido que bueno por conocer", es un lastre mental que hace mucho daño. ¿Cómo son las personas que usan ese proverbio como un lema durante sus vidas? Con toda seguridad, podemos apreciar que son conformistas, que no progresan, que no tienen mayores aspiraciones, que se estancan en la vida. Esas personas nunca usarán el potencial que tienen y que siempre les ha estado a su disposición.

Existe también un terrible prejuicio relacionado con la idea que las personas no pueden cambiar. Hay muchos que están convencidos que los seres humanos no pueden cambiar. También hay un proverbio que refleja esta negativa actitud: "el que nació barrigón aunque lo fajen de chico". Ese pensamiento encierra una actitud negativa, pesimista, sin esperanza, que la persona nunca puede cambiar. Terrible error. Lógicamente, para cambiar hay que querer cambiar.

El cambio es inevitable, acéptelo. Las personas que no progresan, primero se detienen, luego se estancan y luego retroceden, se deterioran. Todas las personas pueden cambiar si desean hacer uso del potencial ilimitado que tienen. El cambio es una constante. El cambio es parte de la vida, reconozca esto y decídase a cambiar para desarrollar su capacidad de realización mediante la fijación de metas y el plan de acción.

Cuando usted tiene metas y trabaja para lograrlas está anticipando un cambio positivo en su vida y eso lo motivará. Recuerde que primero usted debe visualizar lo que desea. Mire a su alrededor, todo lo que ve y le rodea es la materialización de una idea que primero estuvo en la mente de una persona y que es el fruto de una visualización.

Las metas y el éxito

La fijación de metas crea el ambiente propicio para el cambio y el progreso. La fijación de metas creará en usted un deseo de lograr algo mejor o algo más completo y esa será la fuerza anímica que irá desarrollándose y fortaleciéndose para hacer uso del potencial ilimitado que está esperando que usted lo use.

La fijación de metas será como la luz brillante que le iluminará el camino y le hará ver oportunidades donde antes no veía nada. Estimulará su imaginación y creatividad. Le abrirá las puertas de las oportunidades y de la abundancia y sus sueños se irán convirtiendo en realidad conforme usted avanza por el camino del éxito.

El éxito no llega por accidente. Se consigue con metas claramente definidas y con un plan de acción apropiado. La realización es permanente, cuando usted alcance una meta fíjese otra y luego otra y otra y así continuará desarrollándose durante toda la vida. Este es un proceso que no tiene fin. El éxito es una realización progresiva. El éxito es función de metas predeterminadas.

Las metas deben tener valor y deben ser alcanzables, realistas y prácticas. Muchas personas desperdician sus energías en metas totalmente ilusorias y que están fuera de la realidad. Es decir sólo se mantienen ocupados y no logran nada de valor.

Las metas deben ser personales. Las metas deben ser sus propias metas. Deben ser establecidas sobre la base de sus

valores personales y deseos propios. Si no se cumple este requisito usted no tendrá el entusiasmo para proseguir y conseguir sus metas con verdadera pasión. Nadie puede establecer metas por otra persona. Antes de que usted pueda tener,
tiene que hacer. Antes de que usted pueda hacer tiene que
ser. Esto quiere decir que el éxito no se consigue por un golpe de suerte o de genialidad. Se requiere preparación, dedicación, compromiso y acción.

Se debe tener una cierta filosofía de la vida para alcanzar
el éxito. Si una persona no tiene una filosofía de la vida, su
vida será guiada por la fantasía o posiblemente por la influencia de las ideas de otras personas. Por eso es muy importante tener valores firmes que guiarán sus pensamientos
y acciones.

Ninguna otra persona puede vivir la vida por usted. Ninguna otra persona puede alcanzar el éxito por usted. Esta es
una responsabilidad muy hermosa, usted tiene la responsabilidad total sobre su vida. Todo depende de lo que usted haga o deje de hacer con sus propios talentos y habilidades.

Una meta es un objetivo que se desea lograr. El plan de acción es la forma específica de las diferentes acciones que se
deben tomar para alcanzar la meta. Las metas y el plan se generan primero en su mente.

Preguntas necesarias para establecer las metas

Para poder establecer sus metas con la mayor claridad posible, es conveniente que usted se pregunte, en cada una de las
áreas de la vida, lo siguiente:

- ¿Qué es lo que quiero lograr?
- ¿Por qué lo quiero? ¿Por qué es importante para mí?
- ¿Es posible lo que quiero hacer o lograr?

- ¿Qué es lo que puedo ganar o perder? ¿Qué beneficios obtendré cuando logre esta meta?
- ¿Cómo me puede afectar negativamente si no logro esta meta?
- ¿Podría emplear mi tiempo y mi energía en algo diferente?

Al responder estas preguntas usted está clarificando sus ideas y cuando usted tome la decisión, defínalas con mayor precisión. Para que sus ideas tengan fuerza deben estar claramente definidas, debe representarlas vívidamente en su mente.

Cristalice sus ideas de manera de saber, con precisión, dónde está ahora y hacia dónde desea ir y qué desea lograr. Defina bien cuáles son las metas que usted realmente quiere lograr en las diferentes áreas de la vida. Una vez que tiene bien definida la meta dedíquese totalmente, con verdadera pasión, a lograr lo que realmente quiere. Dedíquese con abnegación porque la meta tiene valor para usted.

Características que deben tener las metas

A continuación se indican ciertos aspectos esenciales que deben tener cada una de sus metas:

- Deben ser específicas y estar por escrito.
- Deben ser sus propias metas.
- Deben ser enunciadas en forma positiva.
- Deben ser realizables y alcanzables, pero al mismo tiempo deben generar un reto.
- Deben incluir algunos cambios básicos de su personalidad.

Tenga en cuenta que si usted no está progresando de acuerdo a lo que desea y que es capaz de hacerlo, es porque sus metas no están claramente definidas.

Metas en las diferentes áreas de la vida

El siguiente paso es escribir sus metas en las diferentes áreas de su vida. Deseo enfatizar la enorme importancia de escribir las metas. No piense que basta sólo con pensar en ellas. Al escribir sus metas usted está reafirmando lo que realmente desea. Recuerde que sus metas deben ser específicas, deben ser sus propias metas, ser enunciadas en forma positiva, deben ser realistas y alcanzables y al mismo tiempo deben constituir un reto para usted y deben incluir algún cambio básico de su personalidad.

Escriba, a continuación, sus metas en cada una de las áreas de la vida.

1. Mis metas en el área personal y familiar

_____

_____

_____

_____

2. Mis metas en el área profesional y financiera

_____

_____

_____

_____

3. Mis metas en el área físico y de salud

_____

_____

_____

_____

4. Mis metas en el área espiritual y ética

_____

_____

_____

_____

5. Mis metas en el área mental y educativa

_____

_____

_____

_____

6. Mis metas en el área social y cultural

_____

_____

_____

_____

Como usted tiene varias ideas, el siguiente paso es asignar una prioridad a las diferentes metas. Es importante tener metas a corto, a mediano y a largo plazo. Las metas de corto plazo son aquellas que se pueden lograr entre uno y seis meses. Las de mediano plazo son aquellas que se pueden lograr entre seis meses a dos años. Y las de largo plazo, las que se pueden lograr entre dos a cinco años o más. Después de haber escrito sus metas pregúntese nuevamente lo siguiente:

- ¿Están mis metas claramente definidas?
- ¿Son alcanzables y realistas?
- ¿Son mis metas personales?
- ¿Son de valor para mí?
- ¿Representan un reto para mí?

Revise periódicamente sus metas. Revise su plan de acción. Analice el progreso que está obteniendo en cada una de las metas que se ha fijado. Si necesita hacer modificaciones, hágalas; recuerde que este proceso es un proceso flexible.

Deseo ferviente para lograr el éxito

El otro aspecto importante para alcanzar su meta y desarrollar su plan de acción es determinar un deseo ferviente intenso en alcanzar su meta. Debe desarrollar la confianza y la determinación de que usted tendrá éxito y que alcanzará la meta o metas que se ha propuesto.

Este sincero deseo será la fuente que mantendrá el entusiasmo para proseguir con determinación y perseverancia.

La intensidad de ese deseo le hará capitalizar sus talentos y habilidades y será el constante detonante para impulsarlo sobre el camino que conduce a su plena realización personal.

Usted debe tener un deseo intenso de realizar su potencial al máximo. Cuanto más intenso sea este deseo de superación y de autorrealización más fácil será su continuo avance hacia la consecución de todas sus metas personales. Es por eso que las metas deben ser personales y de valor ya que es la única manera para que ese deseo interno sea ferviente y sea la fuente de la automotivación.

Teniendo este deseo será posible que se genere la confianza en usted mismo de que sí es capaz de lograr todo lo que se propone. La autoconfianza establecerá la fundación sólida sobre la que se construirá su personalidad y conocimientos necesarios para triunfar en la vida.

La fuerza de su motivación será el ferviente deseo de lograr lo que usted más quiere en la vida para alcanzar la felicidad.

Las oportunidades están esperando para aquellos que actúan con decisión y determinación en la vida. Las oportunidades no están disponibles para aquellos que son sólo espectadores del gran juego de la vida. Al actuar con determinación sobre la base de sus metas, usted podrá apreciar la gran cantidad de oportunidades que hay en la vida.

El progreso sucesivo de sus objetivos bien definidos se puede asimilar al hecho de subir una escalera. Cada escalón le sirve de apoyo para continuar ascendiendo, en cada escalón usted puede estar el tiempo necesario para dar otro paso hacia arriba en su autorrealización personal. No solamente el siguiente escalón es más alto sino que está directamente enfrente, el progreso es directo sin desviaciones ni titubeos hacia su objetivo final.

¡Atrévase a ser feliz y a alcanzar el éxito!
La fijación de metas es la fuerza humana
más poderosa para la automotivación.

17

El plan para lograr el éxito

*No tenga miedo de la vida. Crea que la vida merece ser vivida
y su creencia le ayudará a crear este hecho.*

William James

En este capítulo trataremos sobre el plan para lograr el éxito. Este plan tiene siete pasos o etapas que son necesarios seguir para lograr lo que nos hemos propuesto y tener el éxito que queremos. Este plan es efectivo y funciona. Muchas personas de éxito han seguido este plan u otros muy similares. Léalo, estúdielo, practíquelo, haga que sea parte de usted, que sea parte de su pensamiento, de su manera de actuar. Este plan es una herramienta valiosa que le ayudará a que usted obtenga todo lo que se proponga en la vida.

Cristalizar su pensamiento

La primera etapa del plan para lograr el éxito es la cristalización de su pensamiento para así poder determinar con la mayor precisión posible dónde está usted en este momento y

249

adónde quiere llegar. Por cristalización de pensamiento se entiende la representación en su mente de lo que quiere ser, de lo que quiere tener, de lo que quiere lograr, de lo que quiere hacer.

En esta primera etapa usted debe hacer uso de su imaginación al máximo para representar en la forma más vívida, clara y "tangible" que sea posible sus ideas, sus pensamientos, sus ideales. En su pensamiento, véase como una persona de éxito que está teniendo éxito.

Lo primero que usted tiene que hacer es representar en su mente lo que quiere. Nunca nadie puede lograr algo si no sabe con precisión qué es lo que quiere.

> Si usted no está teniendo el desarrollo que usted desea tener y es capaz de hacerlo es simplemente porque sus metas no están claramente definidas.

Esta es una frase clásica en los programas de motivación y desarrollo personal de *Success Motivation Institute*, en Waco, Texas.

Recuerde que nadie alcanza el éxito por casualidad, suerte o golpe del destino. El Dr. Wayne Dyer, en su libro *Real Magic (Magia Real)*, expresa: "Usted vive la vida que se imagina está viviendo".

Para saber dónde está en este momento es conveniente, como ya lo hemos visto, hacerse una autoevaluación para determinar cuáles son sus puntos fuertes y sus debilidades. Usted debe representar su propio retrato en su mente. ¿Es esa figura clara? ¿Puede representarla vívidamente? ¿Es realista?

Esta evaluación debe hacérsela en cada una de las áreas de la vida: personal y familiar, profesional y financiera, física y salud, mental y educativa, espiritual y ética, así como en la social y cultural. Sabiendo con precisión dónde está y cómo es usted en este momento le será más fácil afianzarse en sus puntos fuertes y trabajar en sus puntos débiles para superarlos.

Recuerde que esta autoevaluación debe ser sincera y objetiva. Sea honesto consigo mismo. Si algo le ocasiona una cierta sensación de malestar o de incomodidad, piense que es para su bien y que usted podrá tomar acción sobre eso para cambiar la situación. Usted no podrá alcanzar el éxito si se engaña a sí mismo. Usted y sólo usted es quien controla sus pensamientos y su vida.

En esta etapa de la cristalización de pensamiento, es importante que conozca con precisión hacia dónde quiere ir y adónde quiere llegar. Si sabe exactamente hacia dónde quiere ir en su vida, le será fácil determinar la mejor dirección que le conduzca a ese punto. Cuando no se tiene muy claro el lugar hacia dónde encaminarse, puede suceder que tome rutas equivocadas o que pierda la dirección con facilidad. Tal como sucede a las personas que se pierden en la selva, en un bosque frondoso o en un desierto porque tienen una tendencia a desplazarse en círculos, aunque ellos piensan que están desplazándose en línea recta. Usted tiene que tener muy en claro cuál es su objetivo para no perderse, confundirse en el trayecto o empezar a girar sin darse cuenta que no está progresando.

Si ha determinado con precisión qué es lo que quiere y se ha fijado un objetivo, usted ha dado el primer gran paso que lo conducirá, inevitablemente, hacia el éxito. Para lograr lo que quiere, usted debe mantener en su mente la representación de su idea y actuar. Nada ni nadie lo detendrá hasta conseguir lo que se ha propuesto, ya que su subconsciente computador nunca deja de obedecer una orden clara y enfática.

En esta etapa, usted debe representarse en la mente, en forma muy clara, cuál es el resultado final que quiere lograr. Para tener en claro lo que quiere lograr, debe visualizar. ¡Atrévase a visualizar!

Como la visualización es una de las herramientas más importantes para la cristalización del pensamiento y principalmente para el logro de las metas, se ha tratado sobre la visualización en forma especial en el capítulo 14.

Establecer prioridades

Usted ya ha hecho su lista de todo lo que quiere ser, tener, lograr y hacer en la vida y ya sabe también cuáles son sus puntos fuertes y sus limitaciones. Usted sabe lo que quiere ser, tener, lograr y hacer en la vida pero también sabe que no es posible obtener todo o dirigirse en todas las direcciones al mismo tiempo.

Posiblemente después de haber hecho la lista, usted ha observado que algunos de los puntos de la lista pueden obtenerse en forma simultánea, que algunos pueden ser logrados primero que otros y que algunos, posiblemente, están en conflicto con otros o que todos no se pueden lograr al mismo tiempo. Los resultados van a depender de lo que es usted en este momento. Como su lista inicial fue hecha conforme las ideas venían a su mente, ahora es importante revisar esa lista para establecer prioridades. Tiene usted que decidir un orden. Usted estableció una prioridad anteriormente, nuevamente revise su lista y sobre la base de lo que usted es ahora establezca las prioridades en su lista.

Establecer prioridades es importante. Haga prioridades para sus sueños o para las metas que quiere lograr. Si alguna de las metas que usted se ha fijado no es de mucha importancia en este momento, usted le puede asignar una prioridad baja. Este proceso debe hacerlo cuidadosamente. Las prioridades suyas están en función de lo que es más importante para usted en un momento dado. Sus prioridades están en función de sus valores personales, por eso es aconsejable establecer valores en cada una de las áreas de la vida:

personal y familiar, profesional y financiera, físico y de salud, mental y educativa, espiritual y ética, social y cultural para que le sea más fácil tomar una decisión.

Establezca las prioridades en función de sus valores personales y de su propia experiencia. Usted es el único que puede establecer sus prioridades. Nadie puede hacerlo por usted, ni nadie puede sugerirle el orden de las prioridades. Esto es asunto sólo de usted y de nadie más. Esta es su responsabilidad y es, sin lugar a dudas, una gran responsabilidad.

Establecer prioridades significa que usted debe tomar acción en una forma lógica, razonable y organizada. Algunas veces tendrá que decidir entre dos objetivos. Otras veces asignará parte de su tiempo a más de un objetivo y otras veces determinará una secuencia en el tiempo para la acción correspondiente. El hacer prioridades le ahorrará un tiempo enorme y le facilitará el camino a seguir.

Cuando usted tiene objetivos definidos, tendrá una tendencia a no dejarse llevar por impulsos o por reacciones ante situaciones inopinadas. La vida es un proceso constante de toma de decisiones y a veces hay situaciones de conflicto. A veces, la decisión no es fácil. En algunas circunstancias usted tendrá que elegir entre dos situaciones que no son totalmente favorables y, en estos casos, se tendrá que elegir la menos desventajosa.

Cuando usted ha establecido con claridad los valores personales que regirán su vida, este proceso de elección y de decisión se facilitará ya que se evitarán conflictos de diferentes tipos. Cuando se tiene valores personales se puede elegir o tomar decisiones con más facilidad. Cuando usted asigna las prioridades a sus objetivos todo es más fácil.

Las prioridades se deben determinar en momentos en que no hay presión, apuro, tensión ni conflicto emocional. Las prioridades se establecen en momentos de tranquilidad y en forma racional. Cuando se ha realizado este proceso en forma conveniente y se tiene que tomar una decisión, el proceso de la decisión no produce ningún trauma ni conflicto personal. Las prioridades le facilitarán la elección del siguiente paso.

Plan de acción con fechas límites

En esta etapa hay dos conceptos importantes. Uno es que todo plan debe ser escrito y, el otro, es que hay que fijar una fecha para el cumplimiento o realización de algo.

El desarrollar un plan de acción con fechas límites es una etapa vital en el proceso de fijación de metas. Usted debe tener por escrito su plan de acción para lograr lo que se ha propuesto. Es extremadamente importante que tenga su plan de acción por escrito.

Al tener su plan de acción por escrito, está determinando la ruta a seguir y al mismo tiempo servirá para que mantenga su concentración en lo que quiere lograr. Si no está escrito el plan de acción, es muy fácil distraerse, perder el paso y la ruta ya que constantemente recibimos una serie de distracciones del exterior que demandan nuestro tiempo y atención.

Como vivimos en un mundo que tiene un ritmo muy rápido, casi vertiginoso, si no tenemos completamente claro hacia dónde queremos ir, podemos encontrarnos, sin darnos cuenta, en otro lugar, en otra ruta o totalmente desviados de lo que queríamos. Mucho cuidado que esto sucede muy a menudo con más frecuencia de lo que las personas se pueden imaginar. Lo que puede parecer muy claro y definido hoy, puede parecer un tanto vago o difuso el día de mañana.

Es muy importante que sus metas estén por escrito. Si no escribe sus metas éstas pueden desaparecer por completo ante los eventos del día. Las metas escritas le mantienen en la dirección correcta para alcanzarlas.

Las metas por escrito sirven como puntos de referencia y como un recuerdo permanente de cuál es su objetivo. Un plan de acción por escrito ahorra tiempo y energía. En todo momento usted sabe con precisión cuál es la dirección, qué es lo quiere lograr y es más fácil determinar qué es lo que sigue, cuál es el siguiente paso. El plan por escrito le evita también posibles conflictos que pueden existir entre las metas y sus valores personales así como para asignar prioridades. De no hacerlo pueden presentarse frustraciones u ocasionar un daño a su plan de acción.

Lo que también es extremadamente importante es fijarse una fecha límite para lograr lo que se ha propuesto. Cuando usted fija una fecha límite, sus acciones actúan sobre esa fecha así como esa fecha límite actúa sobre usted. La fecha límite pone en acción la química de su organismo y lo hace actuar y reaccionar en función de esa fecha. Usted piensa, actúa, reacciona con la apropiada energía cuando existen fechas por cumplir. Usted tiene el sentido de la urgencia cuando trabaja con fechas límites. La reacción es similar cuando sus músculos se preparan para levantar un periódico del piso y cuando esos mismos músculos se preparan para levantar 30 kilogramos, la reacción es diferente. Su mente prepara a su cuerpo para reaccionar en función de las fechas límites.

Las fechas límites originan un reto y usted responde a ese reto. En todos los deportes competitivos se puede apreciar que en los últimos minutos de los partidos, cuando se acerca el tiempo límite, el final, los deportistas actúan intensamente, con más energía y determinación. Muchas veces las mejores jugadas, los mejores esfuerzos, se pueden ver en los últimos minutos del juego, especialmente si el juego es parejo.

Es un hecho que las personas reaccionan dramáticamente cuando reciben el reto de la fecha o del tiempo límite. La fecha límite le ayuda también a mantener la actitud mental positiva adecuada para lograr la meta. Le ayuda a mantener la concentración, evitar las distracciones y a pensar en forma clara y con creatividad. Por lo general, de acuerdo a la experiencia y a la observación, una persona que tiene mucho por hacer, tiene una mejor actitud que una persona que está ociosa o que tiene poco por hacer.

Usted debe tener control sobre la fecha límite y la fecha límite no debe ocasionarle una ansiedad o una perturbación. A veces, será necesario modificar la fecha límite como consecuencia de un cálculo equivocado, de un resultado no previsto, de un factor que no se tomó en cuenta en el momento del análisis o por algún evento que se presenta y que no se previó.

Muchas veces, no se puede alcanzar la meta en la fecha prevista. Esta situación, si se presenta, no debe ser considerada como un fracaso o un gran problema, sino sólo como un contratiempo pasajero. Como es usted quien ha fijado la fecha límite, usted la puede cambiar. Usted puede modificar la fecha límite sin cambiar su meta.

Prever los obstáculos y las dificultades

El cuarto paso del plan para lograr el éxito es prever los posibles obstáculos y dificultades que puede encontrar en su camino para lograr la meta.

Este paso es necesario para prever en forma realista lo que usted espera que se pueda presentar como obstáculo o dificultad. Los obstáculos o dificultades, generalmente, pueden ser de tipo personal, del medio ambiente o pueden ser consecuencia de conflictos.

Las barreras de tipo personal se presentan cuando, por ejemplo, usted, para lograr lo que quiere, necesita tener más educación o un conocimiento más especializado sobre algo específico o necesita una nueva habilidad. También se incluye en este tipo, la necesidad de desarrollar algunas características particulares de su personalidad para poder alcanzar la meta que se ha propuesto.

Algunos obstáculos están relacionados con el medio ambiente en el que vive. Recuerde que el medio tiene influencia sobre usted. Si este es el caso usted puede cambiar de medio, o adaptarse para poder lograr su meta. No sea muy rápido en aceptar obstáculos relacionados con el medio que le impiden alcanzar su meta. Sea realista. Sin embargo, si usted llega al convencimiento que es mejor cambiar de medio, recuerde y confíe que sí puede hacerlo si así lo quiere. También es cierto que hay algunas personas que no se adaptan a ningún medio y por lo tanto no alcanzarán el éxito.

Un ejemplo interesante de la influencia del medio y de lo que se puede hacer para obtener lo que se quiere, es el caso de la gran tenista Mónica Seles. El hermano mayor de Mónica, Zoltan, cuando tenía 14 años, vió jugar tenis por televisión a Björn Borg y quería jugar tenis. Mónica, que en ese momento, tenía sólo seis años, quería ser como su hermano y también quería jugar tenis. Ellos vivían en Novi Sad, Yugoslavia, y en su ciudad no había ninguna cancha de tenis ni había una tienda que vendiese raquetas de tenis. El padre de Mónica tuvo que viajar dos veces por más de diez horas a Italia para comprar primero la raqueta de tenis para Zoltan y después para Mónica. Mónica Seles empezó sus primeros juegos jugando en el estacionamiento de los departamentos donde vivían. Aunque en la ciudad donde vivía Mónica no había facilidades para jugar tenis, Mónica, con la ayuda de su padre, empezó a jugar tenis y a la edad de ocho años ya era una de las mejores jugadoras infantiles de Yugoslavia y posteriormente, cuando tenía 14 años, obtuvo una beca en una academia para jugar tenis en Florida, Estados Unidos. Mónica Seles empezó adaptándose al medio y posteriormente cambió de medio para convertirse en una de las mejores jugadoras de tenis del mundo.

El otro tipo de obstáculo o de dificultad es el que se origina como consecuencia de algún conflicto. A veces, cuando usted ha hecho la lista de sus metas, algunas pueden estar en conflicto con su sistema de valores o con los requerimientos de una de las otras metas, que para usted es más importante en un momento dado. Si usted ha hecho un cuidadoso análisis de la situación habrá establecido las prioridades correctamente. Recuerde que todo esto no es rígido o inamovible, tiene que ser un tanto flexible. Usted puede cambiar las prioridades de acuerdo a lo que usted realmente quiere.

Algunas veces el conflicto está en función de la oportunidad. Pueden haber dos metas igualmente importantes, pero una puede tener el carácter urgente y la otra puede posponerse un poco sin que sea un gran problema. En estos casos tome la decisión que sea más conveniente para usted. Recuerde que un plan por escrito le ayudará a anticipar y a resolver estos conflictos.

Este paso no debe tomarle mucho tiempo. Siempre es mejor concentrarse en la acción que en los posibles problemas. Con actitud mental positiva usted puede encontrar posibles soluciones para superar los obstáculos o dificultades que encontrará cualquiera sea su naturaleza. Lo importante es prever esos obstáculos o dificultades para no ser tomado por sorpresa o para no perder mucho tiempo tratando de solucionarlos. En todo momento, en toda circunstancia, usted es quien controla el plan de acción.

Un ferviente deseo

Para alcanzar el éxito usted tiene que tener un ferviente deseo de obtener lo que usted realmente quiere en la vida. Un ardiente deseo de logro es lo que marca la diferencia entre una meta real y un mero deseo. Un ferviente deseo transmite acción, energía, entusiasmo a su plan de acción. Sin ese ferviente deseo, lo suficientemente fuerte, usted no logrará nada, aunque su meta tenga valor o su plan de acción sea un plan perfectamente viable. El deseo interno debe ser intenso. Hay muchas personas que están acostumbradas a hacer el mínimo esfuerzo en todo. En el trabajo cumplen con el mínimo de requerimientos, al igual que la información que está en las prescripciones de las vitaminas que indican el mínimo diario requerido. Esas personas muy raramente hacen más, se conforman con hacer lo mínimo, pertenecen al gremio de los conformistas. Cuando se tiene un deseo real y ferviente, esto le impulsa a que usted actúe siempre con el máximo de su capacidad y utilizando todos los recursos disponibles que estén a su alcance.

Una de las dificultades que tienen muchas personas es pensar que querer algo no es bueno o es algo egoísta. Pero ya sabemos que en este mundo hay abundancia de todo y que estamos en este mundo para hacer uso de los dones y talentos que Dios nos ha dado y que, por lo tanto, debemos usufructuar al máximo, en el buen sentido, las oportunidades que nos da la vida.

Las personas tenemos, además de las necesidades básicas de supervivencia, la necesidad de la autoactualización o de realización plena. Y esto en nada disminuye la abundancia que está disponible para las otras personas. Muy por el contrario, cada vez que usted tiene un ferviente deseo por lograr su meta, usted hace un esfuerzo y ejercita todos sus talentos y capacidades. Su logro también puede beneficiar a otras personas.

Napoleon Hill expresó: "El punto de partida de todo logro es el deseo. Recuerde siempre esto. Deseos débiles llevan a resultados débiles". "Hay una cualidad que se debe tener para triunfar, es el propósito bien definido, el conocimiento de lo que se quiere y un ardiente deseo de poseerlo".

Claude Bristol, en su libro *The Magic of Believing* (*La Magia de Creer*), expresa: "Si usted tiene la esperanza de lograr algo o de obtener algo más de lo que tiene ahora, empiece con el deseo. Es la principal fuerza motivadora en todos nosotros, sin el deseo nada puede ser logrado u obtenido". "El deseo es la fuerza generadora de toda acción humana, y sin ello nadie puede ir muy lejos".

James Allen , autor del interesante libro *Como el hombre piensa*, expresó: "Usted será tan pequeño como su deseo que lo controla, o tan grande como su aspiración dominante".

Se debe tener un ferviente deseo para desarrollar nuestro potencial al máximo. Su deseo está en función de los valores que usted tiene y que rigen su vida. Por eso, es importante la definición de los valores que regirán su accionar y sus decisiones durante su vida.

La confianza total

Para tener éxito usted tiene que desarrollar una confianza absoluta en usted mismo y en sus habilidades para tener éxito. Debe estar totalmente convencido y creer que si usted quiere, usted puede. Nada le puede dar más confianza que el tener el total conocimiento de las acciones que usted realizará para seguir su plan de acción.

La sola existencia de su plan por escrito contribuye de manera decisiva a que tenga más confianza en usted mismo. La fuente más importante de la autoconfianza que usted puede tener, es el saber que puede hacer los cambios internos necesarios para que sus metas se conviertan en realidad.

La mayoría de las personas encuentra dificultad en hacer cambios internos porque sólo tratan de cambiar acciones y no los hábitos y actitudes que son los que gobiernan las acciones. Cuando usted comprenda la importancia del comienzo del cambio interno, en la modificación de las actitudes básicas y de los hábitos de pensamiento, usted habrá dado un paso muy importante en su desarrollo personal. Cuando usted logre cristalizar su pensamiento y sabe dónde está y hacia adónde quiere ir y llegar, usted habrá creado una base muy sólida para tener más confianza en sí mismo.

Cuando se dé cuenta que usted puede hacer y lograr cosas por usted mismo, automáticamente tendrá más confianza.

La experiencia personal es igualmente un factor básico para aumentar la confianza. Cuando esa experiencia es directa, es decir que es fruto de sus propias acciones es más beneficiosa que la experiencia indirecta, o sea, sobre la base de la observación o información de otras personas. Pero, igualmente es valioso aprovechar la experiencia de otras personas para así ahorrar tiempo, energía y medios. Hay que hacer uso de todas las experiencias posibles, ya que cuanto mayor conocimiento tengamos será mejor para lograr lo que nosotros queremos.

Al ejecutar su plan de acción, su confianza se irá incrementando ya que registrará sus logros diarios o intermedios, al igual que los pequeños triunfos que irá obteniendo en su camino hacia el logro de sus grandes objetivos. El plan de acción le ayudará a conseguir lo que usted se propone.

Una determinación tenaz

La última etapa de este plan para el éxito, es tener una determinación tenaz para seguir el plan de acción que ha hecho a pesar de los obstáculos, críticas o circunstancias que encuentre, a pesar de lo que otras personas puedan decir, hacer o pensar.

Esta última etapa del plan para el éxito es lo que separa la mediocridad de aquellos que aceptan y se conforman con lo que la sociedad u otras personas le indican o que caen en la tentación del conformismo, de aquellos que con confianza en sus propias habilidades y talentos y con determinación logran las metas personales que se han propuesto.

Una tenaz determinación no es empecinamiento. Por el contrario, es la aplicación de un esfuerzo sostenido, de una atención controlada y de una concentración de energía. Es el rechazo de ser disuadido, desviado o sacado del camino por la influencia externa.

No importa lo que encuentre en el camino hacia el éxito. Usted no debe abandonar la resolución de alcanzar sus metas de éxito y de felicidad. La persistencia, una tenaz persistencia es indispensable para proseguir por la ruta trazada que le llevará a la realización de sus sueños.

Los siete pasos esenciales para lograr el éxito son inherentes en toda persona de gran éxito. Algunos de los aspectos esenciales para el éxito deben ser ya, parte de su personalidad, otros posiblemente deben ser desarrollados. Estos pasos esenciales le marcan el camino, el derrotero hacia la consecución de sus metas.

Cualesquiera que sean sus planes para mañana, para la próxima semana, para el próximo año o para dentro de cinco o diez años, pregúntese siempre lo siguiente:

- ¿He cristalizado mi pensamiento de manera de saber dónde estoy actualmente y adónde quiero llegar?
- ¿He dado una correcta prioridad a mis metas?
- ¿Tengo un plan por escrito, en detalle, con fechas límites?
- ¿He previsto los principales obstáculos que puedo encontrar?

- ¿Tengo un ferviente y ardiente deseo para lograr la meta que me he propuesto?

- ¿Tengo absoluta confianza en mí mismo y en mi habilidad para alcanzar mi meta?

- ¿Tengo una tenaz determinación para seguir mi plan a pesar de lo que las otras personas puedan decir, pensar o hacer?

Si usted responde con un categórico "sí" a cada una de estas preguntas, usted ya está, definitivamente, en ruta hacia la consecución de sus metas para alcanzar el éxito que quiere tener.

Cuando alcance las metas parciales, las metas a corto plazo, que se ha fijado disfrute de ello, disfrute de su éxito, refuerce su confianza en sí mismo. Sienta orgullo por lo que va logrando. Celebre sus victorias aunque sean pequeñas. Lo que importa es ir sintiendo la alegría de triunfar, la alegría de ir consiguiendo, paso a paso, lo que se ha propuesto. Consolide su optimismo y su actitud para seguir logrando nuevas metas en su constante superación personal.

Recuerde que el éxito no es un punto final de destino. Es una jornada permanente. Es un continuo avanzar y progresar para una autoactualización y realización plena. Adquiera el compromiso de una continua realización personal y de un mejoramiento constante en todas las áreas de la vida.

El punto de partida de todo logro es un deseo ferviente de querer lograrlo. El punto de partida para tener éxito, es querer tenerlo. ¡Sí se puede lograr el éxito!

¡Sí se puede tener éxito en todas las áreas de la vida! ¡Atrévase a tener éxito y a ser feliz!

18

El plan de acción

El plan de acción es vital para convertir
nuestros sueños en realidad.

Después que usted ha establecido sus metas personales y sobre las cuales va a dirigir toda su voluntad y determinación, el siguiente paso es elaborar el *plan de acción* por escrito. Es muy importante que el plan de acción esté por escrito. En el plan de acción se indicarán todas las acciones necesarias que se deben realizar para alcanzar las metas.

El plan de acción debe especificar un plazo definido, una fecha específica, para alcanzar cada una de las metas. El plan de acción se debe convertir en una herramienta que debe usarse con frecuencia.

Dennis Waitley, experto motivador, expresa: "Algo en común que tienen las personas de éxito es que todas han desarrollado un plan de acción y que saben, día a día, hacia donde se dirigen".

El plan de acción debe ser lo más detallado posible. Cuando es detallado será más fácil seguirlo. En el plan de acción hay que indicar lo que se debe hacer día a día, semana a semana, mes a mes para lograr lo que realmente quiere en el fondo de su corazón. La actividad organizada y el gran entusiasmo son los factores indispensables de una continua e inquebrantable energía.

Marshall Edwards, presidente ejecutivo de una importante empresa de inversiones, expresa: "Usted podrá llegar a cualquier lugar que quiera ir si usted mismo se dirige en la dirección correcta y sigue las necesarias etapas, pero usted no puede saltarse ninguna de las etapas".

Es necesario e imprescindible que las metas y el plan de acción estén escritos. Usted, sin lugar a dudas, será constantemente bombardeado por todo tipo de ideas provenientes del medio en el que desempeña y que requerirán su atención y su tiempo. Igualmente, también recibirá ideas negativas que tenderán a disuadirlo de proseguir su avance hacia lo que quiere lograr.

Si tiene sus metas y su plan de acción por escrito, esas ideas provenientes del exterior no le afectarán ni le distraerán y no le desviarán de su camino. Por el contrario, si no los tiene por escrito es muy fácil, sin darse cuenta, desviarse del camino emprendido y posiblemente dirigirse hacia otro sentido o aún haberse desviado completamente de lo que realmente quiere.

Fechas límite para lograr las metas

Al haber establecido una fecha de cumplimiento para cada una de las metas, será fácil controlar el ritmo de avance y poder hacer las correcciones necesarias para poder volver al camino que usted desea seguir en caso que se haya desviado. Las fechas de cumplimiento servirán de verdaderos puntos de control y evaluación.

El tener un plan de acción por escrito le ahorrará tiempo y energía. En cualquier momento usted podrá revisar su progreso, hacer una evaluación y tomar las medidas más adecuadas para hacer correcciones y para proseguir en la dirección más conveniente que le conduzca hacia la meta que usted mismo se ha fijado. Al saber dónde se está es más fácil determinar cuál es el siguiente paso para seguir avanzando hasta lograr lo que quiere.

Otro aspecto importante al establecer una fecha límite es que esa fecha influirá y activará su energía interna para poder cumplir lo que se ha propuesto en las fechas que usted mismo se ha fijado.

Las fechas de cumplimiento representan un verdadero reto y le estimularán constantemente. Este efecto se puede apreciar en casi todos los deportes. Cuando faltan pocos minutos para la terminación de un evento deportivo, todos los jugadores realizan esfuerzos superiores para poder cumplir con lo que se habían propuesto al inicio de la competencia y que en un tiempo fijo muy próximo, terminará. Por lo general, los últimos instantes de todo evento deportivo son los más dramáticos, los más intensos, ya que todos los participantes realizan mayores esfuerzos.

De la misma manera, las fechas de cumplimiento también le estimularán para tener una actitud mental positiva permanente.

Si por alguna circunstancia no prevista o porque se presenta algo en forma inopinada, lo que puede suceder con frecuencia en la vida real, usted todavía no ha cumplido con lo que se había propuesto en la fecha que usted mismo ha determinado, podrá reajustarla y fijar otra fecha para el cumplimiento. La flexibilidad es vital para lograr el éxito. Lo importante es que se debe tener siempre una fecha límite para obtener lo que usted se ha propuesto. Cuando usted cambia la fecha y se fija una nueva, automáticamente su subconsciente registrará este nuevo compromiso y le ayudará a que lo recuerde.

Las fechas de cumplimiento también estimularán su concentración, su creatividad y proveerán la energía necesaria para continuar con determinación hasta lograr su meta. Con fechas precisas su subconsciente le ayudará a evitar distracciones innecesarias y a mantener constantemente el foco de su accionar.

Hacer uso de sus talentos y habilidades

Para alcanzar el éxito es indispensable trabajar en forma inteligente, con determinación y pasión, hasta lograr las metas que se ha fijado. En forma inteligente para usar los talentos y habilidades que usted tiene. Es el momento de hacer uso de lo que usted es capaz.

Hágalo con determinación para continuar con el mismo ímpetu pese a los obstáculos o dificultades que vaya encontrando en su avance y progresión hacia sus metas.

Hágalo con pasión, poniendo en cada acción su corazón y su cerebro, ya que las metas son realmente importantes para usted.

Usted tiene una serie de talentos y habilidades que debe usar y sacar el mayor provecho de ellos. Este es el momento en el que usted debe hacer uso de todo lo que tiene para obtener lo que realmente quiere.

¿Cuáles son los talentos que tiene? ¿Qué es lo que puede hacer muy bien? ¿Cuáles son sus habilidades? ¿Qué es eso que lo destaca de los demás? Tenga confianza en sus talentos y sus habilidades.

Las personas de éxito capitalizan en sus talentos y sus habilidades, sea desarrollando los talentos que tienen o identificando determinadas habilidades que necesitan tener para salir adelante y progresar. Las recompensas que obtienen, tanto tangibles como intangibles, son el fiel reflejo de sus logros.

Brian Tracy, experto motivador, expresa: "Una de las más grandes responsabilidades en nuestra vida es identificar, desarrollar y mantener nuestros talentos y habilidades".

Si usted hace lo que mejor puede hacer y continúa haciéndolo, y lo hace cada vez mejor y mejor, y cada vez más y más, con toda seguridad tendrá éxito. Como usted estará haciendo lo que sabe hacer y lo está haciendo cada vez mejor, usted se autorrealizará y por lo tanto será feliz y tendrá éxito.

Obstáculos probables

El siguiente paso es determinar cuáles serán los probables obstáculos que podrá encontrar en su avance hacia la consecución de sus metas. Los obstáculos pueden ser de diferente naturaleza, pueden provenir de usted mismo o usted misma o pueden provenir del exterior, del ambiente en el cual actúa.

Si provienen de su interior es necesario determinar cuáles son los cambios que usted necesita hacer para superar ese obstáculo. Esos cambios internos podrían ser, por ejemplo, adquirir más conocimientos en un área específica, perfeccionar alguna técnica o habilidad particular, tener más experiencia en algo concreto o desarrollar algunas características especiales de su personalidad que son necesarias para alcanzar su meta.

Si provienen del medio exterior, es necesario analizarlos en forma realista y pragmática porque podría significar que usted debe cambiar del medio en el que está actualmente. Ese medio puede ser su círculo de amigos, su barrio, su trabajo, su ciudad o aun su país. Aparentemente esto parecería muy difícil, lógicamente que depende de cada caso particular y de la exacta situación en que usted se encuentre, pero si realmente está determinado lo puede lograr.

A veces, el obstáculo puede provenir de una situación de conflicto entre una meta y otra o en alguna de las fechas de cumplimiento o en su sistema de valores. Si esto se presenta, analice la situación, evalúela y establezca las nuevas prioridades en función de lo que es más productivo y ventajoso para usted.

Recuerde que todo problema, cualquiera que sea su naturaleza, puede ser resuelto y que generalmente siempre hay más de una solución disponible. Analice el problema u obstáculo, descompóngalo en partes más pequeñas y determine las diferentes formas de acción para poder eliminar o disminuir ese obstáculo temporal que se está interponiendo entre usted y su meta. Después de hacer la evaluación, decida por la mejor alternativa y prosiga con entusiasmo, determinación y confianza.

El tener su plan de acción por escrito le facilitará el análisis de los obstáculos y la eliminación de los posibles conflictos. Recuerde que todo problema, por difícil y complicado que pueda parecer, puede ser dividido en varias piezas o problemas menores que serán más fáciles de ir solucionando.

Su plan de acción debe ser flexible y puede ser modificado de tiempo en tiempo para beneficiarse de la experiencia y confianza que irá ganando al estar trabajando en su propio plan de acción personal. Las personas de más éxito son las que mantienen una meta fija y lo que van cambiando son las acciones para poder llegar a dicha meta. No es conveniente cambiar de metas muy a menudo ya que eso lleva a la confusión. Aquella persona que ante el primer obstáculo que encuentre cambia su meta, muy pronto se puede encontrar a la deriva ya que el constante cambio de metas le hará perder su idea inicial.

La determinación para lograr las metas

El otro aspecto importante para alcanzar su meta y desarrollar su plan de acción es determinar un deseo ferviente e intenso en alcanzar su meta. Ese deseo intenso debe convertirse en una verdadera pasión. Debe desarrollar la confianza y la determinación de que usted tendrá éxito y que alcanzará la meta o metas que se ha propuesto.

Este sincero deseo será la fuente que mantendrá vivos el entusiasmo y la motivación para proseguir con determinación y perseverancia.

La intensidad de ese deseo le hará capitalizar en sus habilidades y talentos y será el constante detonante para impulsarlo sobre el camino que conduce a su realización personal plena.

Usted debe tener un intenso deseo de realizar al máximo su potencial. Cuanto más intenso sea este deseo de superación y de autorrealización más fácil será su avance continuo hacia la consecución de todas sus metas personales. Es por eso que las metas deben ser personales y de valor ya que es la única manera de que ese deseo interno, esa pasión, sea ferviente y sea la fuente de la automotivación.

Teniendo este gran deseo, será posible que se genere la confianza en usted mismo o en usted misma de que sí es capaz de lograr todo lo que se propone. La autoconfianza establecerá la fundación sólida sobre la que se construirá su personalidad y conocimientos necesarios para triunfar y tener éxito en la vida.

La fuerza de su motivación será el ferviente deseo de lograr lo que usted más quiere en la vida para alcanzar la felicidad.

El otro aspecto importante es desarrollar la determinación tenaz para conseguir lo que se ha propuesto. Sin determinación será fácil sucumbir ante el primer obstáculo que pudiera presentarse.

La determinación le permitirá proseguir pese a las opiniones contrarias que pudiera recibir, de las acciones de otras personas o del ambiente que pudieran formar obstáculos en su avance. La determinación le permitirá proseguir pese a la crítica de otras personas o lo que otras personas puedan pensar, actuar o decir.

La determinación servirá para reforzar su deseo y para poder actuar con un esfuerzo sostenido por un largo tiempo, controlar su atención y concentrar la energía necesaria para realizar las acciones indispensables para que usted pueda alcanzar sus metas. Lógicamente todo esto dentro de sus propios valores morales que deben regir su vida.

Con determinación usted evitará ser distraído y desviado de su plan de acción. Con determinación usted está destinado o destinada a conseguir la meta propuesta.

Sus valores personales

Sus valores personales, sus creencias o estándares de comportamiento son los que guiarán las decisiones que usted debe tomar en la vida y le ayudarán a elegir no solamente las metas sino las acciones específicas que debe realizar para obtener esas metas.

Los valores personales que usted tiene en este momento y los que irá desarrollando durante su vida servirán de criterio para juzgar las oportunidades, analizar las opciones y elegir las alternativas. Sus metas deben estar en completa armonía con sus valores personales. En caso contrario, usted no encontrará satisfacción al lograr las metas.

Si usted tiene presente sus valores personales, estos se pueden exteriorizar en su actividad diaria, en su comportamiento y en su accionar al seguir su plan de acción.

Preguntas para confirmar que tiene todos los elementos para triunfar

Después de haberse fijado las metas y establecido su plan de acción y con el objeto de estar seguro o segura que tiene todos los elementos necesarios para triunfar debe hacerse las siguientes preguntas:

- ¿Es mi meta clara y definida?
- ¿Es mi plan de acción detallado para lograr lo que deseo?
- ¿He establecido las fechas para lograr lo que me he propuesto?
- ¿Tengo el deseo ferviente para lograr lo que quiero?
- ¿Tengo la determinación para proseguir pese a los obstáculos que encuentre y pese a las opiniones, críticas o acciones de otras personas?

Si usted puede responder con un rotundo Sí a todas estas preguntas, usted está en condiciones, sin lugar a la menor duda, de establecer las metas importantes de su vida y, más aún, realizar las acciones necesarias que le permitirán lograr lo que realmente es importante para usted.

Usted actuará, sobre la base de sus propias metas personales, para lograr el éxito y la felicidad, hará uso de la abundancia de la naturaleza y vivirá la vida a plenitud.

Un modelo de un plan de acción

A continuación se indica un modelo de plan de acción. Es recomendable preparar uno para cada meta en función a cada una de las áreas de la vida:

- Personal y familiar
- Profesional y financiera

- Físico y de salud
- Mental y educativa
- Espiritual y ética
- Social y cultural

Es necesario establecer metas en cada una de las áreas de la vida ya que se debe lograr un perfecto equilibrio, un balance, en las diferentes áreas para lograr una felicidad plena.

Recuerde que usted es un ser complejo y que en la vida, debido a esa gran complejidad, juega diferentes roles en función de la etapa de desarrollo en que se encuentre. Cada una de las etapas de la vida tiene sus necesidades y deseos particulares.

Empiece por una de las áreas de la vida, determinando sus metas y escribiendo su plan de acción. Después escoja otra área y continúe así hasta que tenga un plan de acción para cada una de las metas en cada una de las áreas de la vida.

Es posible que cuando esté trabajando en un plan de acción de una meta, se dé cuenta que una meta pueda estar en dos áreas. Cuando esto suceda, analice nuevamente la situación y determine en cuál área es más conveniente que esté.

Este modelo de plan de acción tiene la finalidad de ayudarle en la etapa del planeamiento para lograr el éxito que usted quiere. Recuerde que lo que es importante es el proceso y no el formulario o la forma de hacerlo. Es un proceso que debe formar parte de usted.

Mi meta

En pocas palabras, las menos que sean posibles, establezca con exactitud la meta que quiere lograr. La meta debe ser clara y específica.

Plan de acción

Fecha:_____ Fecha límite:_____ Fecha de cumplimiento:_____

Mi meta en el área de_____

es_____

_____

Acciones para lograr mi meta (con fecha y resultado)

1._____

2._____

3._____

Afirmaciones para lograr mi meta

_____

_____

_____

Posibles obstáculos

_____

_____

_____

Visualización (Representación vívida de lo que quiero lograr)

_____

_____

_____

Los beneficios que obtendré al cumplir esta meta

_____

_____

_____

Acciones

Escriba en esta parte del plan de acción la lista de las acciones que debe hacer día a día para convertir su meta en realidad. En la mayoría de los casos, para lograr una meta hay que hacer una serie de acciones en un determinado orden, en una cierta secuencia, una después de la otra. También hay casos que una determinada acción se puede descomponer en otras acciones menores.

Fecha límite

Una vez que usted ha determinado cuál es su meta, escriba algunas afirmaciones que le ayudarán a mantener el entusiasmo sobre la base de la decisión que ha tomado.

Las afirmaciones se deben usar varias veces al día para reforzar el entusiasmo, la determinación y la confianza. El uso constante y repetido de afirmaciones reforzará su actitud para lograr lo que quiere.

Obstáculos probables

Escriba una lista de las posibles circunstancias, eventos o personas que pueden interferir en el cumplimiento de su meta. Es bueno pensar en los posibles obstáculos o barreras para estar preparado o preparada anímicamente cuando realmente se presenten. Cuando usted sabe lo que puede suceder, está mejor preparado o preparada para encontrar una solución o alternativas para hacer desaparecer esos obstáculos o interferencias en su camino para lograr su meta.

Visualización

En este espacio, es conveniente que coloque una fotografía, un dibujo, algo que represente la parte más importante de su meta. Use una fotografía, un recorte de una revista o cualquier cosa que describa lo que usted quiere. Use también esta herramienta valiosa no sólo aquí sino coloque representaciones de su meta en el espejo de su baño, colóquelo en la puerta de la refrigeradora, llévela en su billetera, en su cartera, en su carro, téngalo en el escritorio de su oficina. La visualización le ayudará a convertir sus sueños en realidad.

Beneficios que obtendré

En esta parte haga una lista de los beneficios que obtendrá al cumplir esta meta. Incluya beneficios concretos, tangibles y también beneficios intangibles, como satisfacción, sentido de logro o mejorar las relaciones familiares, etc. Sea usted concreto al escribir los beneficios. Escriba los que tendrán mayor impacto en usted.

Fecha de cumplimiento

Cuando usted ha cumplido la meta coloque la fecha en el formulario. En este momento celebre su éxito, disfrute de los beneficios que ahora son suyos por haberse fijado una meta, realizado las acciones necesarias para lograrla y alcanzado la meta. Este es uno de los momentos de mayor satisfacción personal y de gran enriquecimiento espiritual. Al cumplir una meta, usted se ha desarrollado aún más. Usted ha crecido como ser humano.

El plan de acción es vital para lograr éxito.
¡Atrévase a tener éxito!

19

¿Quién recibe
la recompensa?

Lo que se siembra se cosecha.

En 1955 se efectuó un estudio en una universidad europea para determinar las ideas que tenían sobre sus futuros los que se graduaban. Después de hacer las evaluaciones de las respuestas, se llegó a la conclusión de que sólo el cinco por ciento de los graduados tenían objetivos definidos y fijos y que los tenían por escrito.

Veinticinco años después, en 1980, se hizo una encuesta entre aquellos mismos estudiantes que se habían graduado en 1955. El resultado fue que de aquel cinco por ciento que habían escrito sus objetivos, la mayoría de ellos los había logrado, se encontraban en posiciones de responsabilidad o de toma de decisiones y tenían nuevos objetivos en función de sus expectativas personales y profesionales. La mayoría de ellos tenía satisfacción en sus trabajos y eran personas con grandes aspiraciones. Esa misma encuesta determinó que el noventa y cinco por ciento restante, aquellos que al graduarse no tenían sus objetivos precisos, solo algunos de ellos habían logrado algo en sus vidas; pero la mayoría aún no tenía metas claras y la satisfacción en el trabajo era menor.

¿Son necesarias las metas?

Definitivamente la respuesta es ¡Sí!

Es muy importante que usted tenga metas claras, precisas, definidas, fijas, para alcanzarlas en diferentes tiempos (a corto plazo, mediano plazo y largo plazo). Debe tener metas u objetivos para lograr en un mes, dos meses, tres meses, seis meses, un año, dos años, cinco años, diez años, veinte años; durante toda la vida.

Cuanto más claros sean sus objetivos más fácil será para usted tener la motivación y la energía interna para seguir adelante hasta lograr lo que usted se ha propuesto. Al tener objetivos definidos, cada día será un nuevo día en el que usted, con esperanza y determinación, hará las acciones necesarias para obtener lo que realmente desea en el fondo de su corazón.

En caso contrario, ¿qué puede pasar?

¿Irá usted a trabajar hoy sólo porque lo hizo ayer? ¿Es su trabajo algo sólo rutinario y que tiene que ir sólo porque debe ir? Si ésta es la única razón, usted no estará hoy mejor que ayer, ni mañana mejor que hoy; sólo habrá transcurrido el tiempo pero no se habrá enriquecido en nada y no estará más cerca de sus objetivos ya que posiblemente no tiene ninguno.

¡Usted debe tener metas u objetivos!

Para que su vida sea una vida plena y llena de felicidad y alegría, usted debe tener objetivos en las diferentes áreas de la vida (personal y familiar, profesional y financiera, físico y de salud, mental y educacional, espiritual y ética, social y cultural). En cada una de estas áreas usted deberá mantener un equilibrio.

La armonía del desarrollo en cada una de las áreas de la vida deberá ser uno de sus objetivos para que pueda vivir la vida a plenitud y lograr la felicidad en todos los campos de las actividades que realice.

Recuerde que los objetivos que se fije, deben ser en diferentes plazos para que su recorrido por la vida sea realmente fructífero. Cada día le debe deparar alguna satisfacción por haber logrado algo sobre la base de los objetivos de largo plazo. Esos grandes objetivos deben tener puntos de referencia que le servirán de guía a las acciones que debe tomar para no desviarse del rumbo por alguna distracción pasajera que pueda encontrar en su recorrido. Cuando el objetivo es claro y preciso, toda distracción que se encuentre será pasajera y no lo desviará del rumbo que debe seguir para lograr lo que se ha propuesto.

Diana McNab, M.S., psicóloga deportiva, al referirse a la importancia de la fijación de metas dice: "La única manera de lograr que sus sueños se conviertan en realidad es mediante la fijación de metas".

Al ir logrando los objetivos que usted mismo se ha establecido usted se enriquecerá espiritualmente, tendrá más confianza y más energía para seguir por el camino que le conducirá directamente hacia el éxito y la felicidad.

Día a día, paso a paso, usted debe ir progresando hasta lograr sus propias metas. ¡Sí se pueden lograr! ¡Sí se puede lograr el éxito y ser feliz!

El cambio es positivo

Como la vida es un continuo progresar, ya que detenerse es estancarse y al estancarse empieza el retroceso irreversible, usted cada vez que alcance un objetivo, inmediatamente debe fijarse otro y otro y otro y así sucesivamente.

La vida es un continuo progreso hacia nuestra autorrealización en función de nuestras habilidades y talentos. Es un proceso que dura todo lo que dura nuestra existencia en la tierra.

Para progresar hay que aceptar el cambio ya que el cambio es parte de la vida misma. Lo único permanente en la vida es el cambio.

En la vida todo cambia. Esto es un hecho evidente e incuestionable; por lo tanto, debemos aceptar que el cambio es necesario y debemos estar preparados para el cambio.

Usted no es el mismo o la misma de ayer ni en el cuerpo ni en la mente. En su organismo hay millones de células que mueren diariamente y hay también millones de células que nacen cada día.

Cuando apreciamos la naturaleza podemos ver las manifestaciones del cambio con toda la belleza que eso significa. Las manifestaciones del cambio de las plantas en general por efectos de los cambios de las estaciones es algo realmente asombroso y maravilloso. En la naturaleza nada se mantiene sin cambio.

La gran verdad es que nadie, ni usted, ni yo, absolutamente nadie podrá mantenerse igual a través del tiempo. De esto podemos estar totalmente seguros.

El cambio es renovación, es enfrentarse a algo nuevo, a algo diferente y al cambiar hay la posibilidad de progresar en todos los aspectos de la vida. Debemos aceptar el cambio como parte básica y principal de nuestras vidas.

También debemos ser conscientes que el mundo en que vivimos está cambiando cada vez más rápido y con gran aceleración. Cada vez hay más y más cantidad de información que está disponible para nosotros pero que no podemos procesarla en su integridad. No es posible. No alcanzaría el tiempo. Ahora, más que nunca, con la gran revolución del correo electrónico e Internet que nos permite comunicarnos con cualquier parte del mundo y tener acceso a información en cuestión de segundos, lo que antes podía tomarnos semanas, meses e inclusive años obtenerla. Es por eso que debemos estar preparados mentalmente para que esta revolución de la electrónica, de la computación y de la información no nos afecte sino por el contrario debemos estar en capacidad de utilizarla para lograr nuestros objetivos.

El cambio es maravilloso. Debemos acostumbrarnos a esta idea. Si usted, sincera y realmente, se acostumbra a pensar que el cambio es maravilloso, su vida tendrá más sentido y todo será mejor ya que usted estará dispuesto o dispuesta a ver en todo cambio alguna oportunidad por aprovechar para estar más cerca de sus objetivos personales.

Al aceptar el cambio, usted será una de aquellas personas dispuestas a hacer todo lo que sea posible para hacer uso de las nuevas ideas, nuevas técnicas, nuevos métodos y emprenderá acciones con un renovado espíritu, con confianza en lo que puede hacer hoy y no estará anclado o aferrado al pasado. De esta manera su accionar será diferente, sus ideas serán más ambiciosas y sus objetivos serán verdaderos retos a su habilidad, capacidad y voluntad.

Al aceptar el cambio y estar consciente de ello, usted tendrá más confianza en sí mismo, tendrá más seguridad y esperanza y estará dispuesto o dispuesta a asumir ciertos riesgos que le conducirán hacia el éxito y la felicidad.

Al tener más esperanza y confianza en sí mismo, usted actuará con más determinación y su optimismo será mayor y, por supuesto, su actitud mental positiva tendrá más fuerza y así podrá convertir todos sus sueños en realidad.

La esperanza significa creer, estar convencido que usted puede utilizar el extraordinario potencial de energía que se encuentra dentro de usted y la confianza se traduce en la acción decidida que usted realizará para lograr sus objetivos.

Al aceptar el cambio, teniendo objetivos claros y precisos, con esperanza y confianza, sabiendo que es necesario tener ciertos conocimientos y destreza, y haciendo uso de esa fuerza maravillosa que está en usted, que está en su mente, usted no podrá fracasar nunca.

Recuerde que usted es el milagro más maravilloso del mundo, que usted es único.

¡Usted, sí, usted llegará a ser lo que quiere ser!

La importancia de pensar en grande

Para definir lo que quiere ser o quiere tener, piense en grande, piense en abundancia, piense en grandeza, piense que la vida es hermosa y merece vivirla a plenitud. Nadie puede lograr algo que no haya visualizado.

Usted está jugando el gran partido de la vida. Es un partido que no se podrá repetir. Es un partido en que usted es el protagonista principal; nadie podrá jugar por usted, no hay reemplazos, no hay suplentes. Usted es la estrella y todo depende de usted. Usted es el único jugador capaz de lograr lo que quiere, no desperdicie la oportunidad, no titubee, no busque excusas, actúe en forma decidida y alcance el éxito. Disfrute de cada momento, de cada triunfo, por pequeño que sea, y usted logrará ser feliz.

Recuerde, ¡todo depende de usted! ¡Sí, todo depende de usted!

Establezca sus objetivos en las diferentes áreas de la vida, haga su plan de acción que le llevará hasta la meta deseada, realice las acciones necesarias, controle el tiempo, haga reajustes sin apartarse de la meta, siga avanzando permanentemente a pesar de los obstáculos que vaya encontrando hasta convertir todos sus sueños en realidad.

Usted irá tan lejos como cuan lejos pueda ver y visualizar y cuando llegue a ese lugar, debe ser capaz de ver más lejos aún.

"Nos vemos en la cumbre" tiene un significado especial y es el título de uno de los libros de Zig Ziglar.

Durante su recorrido continúe acumulando un mayor conocimiento en el campo profesional o actividad que a usted le guste más o en el que tiene más habilidad. Actualícese constantemente, cada día hay nueva y mayor información sobre todo. Si no actualizamos nuestros conocimientos rápidamente, nuestras ideas se volverán obsoletas frente a las nuevas que a diario invaden nuestro medio. Hay que mantenerse alerta y con curiosidad para poder adquirir conocimientos nuevos o adecuar los que conocemos y así recibiremos la recompensa a nuestro trabajo y a nuestras acciones.

Earl Nightingale, experto motivador, expresa: "Nosotros somos, literalmente, lo que pensamos. Como podemos controlar nuestros pensamientos, podemos definitivamente controlar nuestras vidas y nuestros futuros".

La recompensa

Es conveniente aclarar lo de la recompensa. A continuación le menciono algunos conceptos sobre la recompensa.

¿Se imagina usted yendo a un banco o a una institución financiera en su ciudad para pedir que le abonen los intereses de una suma de dinero que usted depositará o que piensa depositar cierto tiempo después? ¿Piensa usted que es posible pedir al empleado que le pague los intereses sobre una cantidad de dinero que todavía no haya sido depositada en esa institución?

¿Conoce usted a alguien que haya ido donde su jefe para solicitarle el aumento hoy, de una promoción que recibirá probablemente en el futuro?

Por casualidad ¿conoce usted a algún agricultor que le "diga" a su tierra "dame la cosecha ahora aunque las semillas las plantaré después"?

¿Conoce a algún estudiante que al inicio del año escolar le dice a su maestro, por favor deme las calificaciones sobresalientes en todas las asignaturas que yo las estudiaré y daré muy buenos exámenes durante todo el semestre escolar?

¡No, no es posible actuar de esa manera y usted lo sabe muy bien!

Primero debemos dar algo nosotros para después algo recibir. Hay que trabajar para conseguir algo en la vida. Hay que actuar.

Usted tiene un vehículo potente y que está listo para que lo maneje. Usted es la única persona que puede manejarlo, escoger la ruta y los puntos por recorrer. Usted y sólo usted podrá dirigir y conducir este vehículo.

Condúzcalo con fe, con optimismo, con actitud mental positiva, con total confianza en sus propias habilidad así como en su subconsciente computador, haciendo uso de las herramientas mentales de la visualización y afirmaciones, estableciendo metas en cada una de las áreas de la vida, formulando los planes de acción correspondientes y, sobre todo, actuando con decisión y determinación.

Si usted invierte su tiempo, su esfuerzo, su dedicación en fijarse metas u objetivos, actuar convenientemente en función de esos objetivos obtendrá la recompensa a su esfuerzo, trabajo y dedicación.

Recuerde que usted es único. Como dijo Og Mandino: "Usted es el milagro más grande del mundo".

Usted tiene poderes ilimitados, por eso todo depende de usted. Por eso usted no puede fracasar. Usted y sólo usted es el artífice o la artífice de su propio destino. Usted llegará a ser lo que quiere ser. Usted tendrá lo que quiere tener. Todo depende de usted. Todo aquello que usted puede pensar y creer, usted lo puede realizar.

Usted recibirá la recompensa a su esfuerzo, trabajo y dedicación. Usted recibirá la recompensa cuando logre las metas u objetivos que usted mismo se ha fijado.

El éxito, la alegría y la felicidad serán las recompensas que usted recibirá en esta vida si trabaja para lograrlos. Recuerde que es importante aprender a ser feliz durante todo el proceso, durante toda su jornada por esta hermosa vida. El éxito y la felicidad son inherentes a usted.

Para tener éxito, hay que querer tener éxito. Para ser feliz en esta vida, hay que querer ser feliz. El éxito y la felicidad son estados de la mente. ¡Atrévase a tener éxito y a ser feliz! ¡Sí se pueden lograr!

En el juego de la vida, si usted lo juega con todas sus habilidades, talentos y hace uso al máximo del potencial que tiene, recibirá la gran recompensa: el éxito y la felicidad.

¡Prepárese a recibir la recompensa en esta vida: el éxito y la felicidad!

Bibliografía

Allen, James. *As the Man Thinketh* (*Como El Hombre Piensa*); 1959.

Asley, Benedict M., O.P. *Thomas Aquinas: The Gifts of the Spirit* (*Santo Tomás de Aquino: Los Regalos del Espíritu*); 1995.

Berne, Eric. *Transactional Analysis in Psychoterapy* (*Análisis Transaccional en Psicoterapia*); 1961.

Bloch, Douglas. *Words That Heal* (*Palabras Que Curan*); 1998.

Branden, Nathaniel. *The Psycology of Self-Esteem* (*La Psicología de la Autoestima*); 1969.

Branden, Nathaniel. *The Six Pillars of Self-Esteem* (*Los Seis Pilares de la Autoestima*); 1994.

Bristol, Claude M. *The Magic of Believing* (*La Magia de Creer*); 1948, 1985.

Brothers, Joyce, Ph. D. *The Successful Woman* (*La Mujer de Exito*); 1988.

Brothers, Joyce, Ph. D. *How to Get Whatever You Want Out of Life* (*Cómo Alcanzar Sus Objetivos Con Exito*); 1981.

Buttler, Gillian, Ph. D. *Managing Your Mind: The Mental Fitness Guide* (*Admininistrando Su Mente, Guía Para la Buena Salud Mental*); 1995.

Calderón de la Barca, Pedro. *La Vida Es Un Sueño*; 1958.

Canfield, Jack y Mark Victor Hansen. *Chicken Soup for the Soul* (*Sopa de Pollo para el Alma*); 1995.

Carnegie, Dale. *How to Win Friends and Influence People* (*Cómo ganar amigos e influir sobre las personas*); 1993.

Carnegie, Dale. *How to Stop Worrying and Start Living* (*Cómo vivir sin preocupaciones y comenzar a vivir*); 1994.

Carrel, Alexis. *L'homme cet inconnu* (*La Incógnita del Hombre*); 1955.

Chopra, Deepak. *The Seven Spiritual Laws of Success* (*Las Siete Leyes Espirituales del Exito*); 1995.

Chopra, Deepak. *Ageless Body, Timeless Mind* (*Cuerpo Sin Envejecimiento, Mente Infinita*); 1998.

Covey, Steven R., *The Seven Habits of Highly Effective People* (*Los Siete Hábitos de las Personas Más Efectivas*); 1989.

Csikszentmihalyi, Mihaly. *Creativity* (*Creatividad*); 1996.

Csikszentmihalyi, Mihaly. *Flow: The Psychology of Optimal Experience* (*Flujo: La Psicología de la Experiencia Optima*); 1990.

Dyer, Wayne. The Sky's the Limit (*El Cielo es el Límite*) 1980.

Dyer, Wayne. *Real Magic: Creating Miracles in Everyday Life* (*Magia Real: Creando Milagros en la Vida Diaria*); 1992.

Einstein, Albert. *Ideas and Opinions* (*Ideas y Opiniones*); 1982.

Emerson, Ralph Waldo. *Self-Relience* (*Confianza en Sí Mismo*); 1983.

Emerson, Ralph Waldo. *Essays and Poems* (*Ensayos y Poemas*); 1996.

Ferrell, Paul y Erna F Grabe. *The Subconscious Speaks* (*El Subconsciente Habla*); 1995.

Frankl, Viktor. *Man's Search for Meaning* (*La Búsqueda del Hombre Por Un Propósito*). 1962.

Franklin, Benjamín. The Autobiography of Benjamin Franklin (*La Autobiografía de Benjamín Franklin*); 1940.

Fromm, Erich, *The Fear of Freedom* (*El Miedo de la Libertad*); 1942.

Gawain, Shakti. *Creative Visualization* (*Visualización Creativa*); 1995.

Geeley, Gustave. *From the Unconscious to the Conscious* (*Del Subconsciente al Consciente*); 1975.

Glasser, William, M.D. *Take Effective Control of Your Life* (*Toma Control Efectivo de Tu Vida*); 1997.

Goleman, Daniel. *Emotional Intelligence* (*Inteligencia Emocional*); 1995.

Gschwandtner, Gerhard. *Superachievers* (*Personas de Gran Exito*); 1991.

Haggai, John, *Lead On!* (*¡Lidere!*); 1986.

Hill, Napoleon y W. Clement Stone. *Success Through a Positive Mental Attitude* (*La Actitud Mental Positiva: Un Camino Hacia el Exito*); 1984.

Hill, Napoleon. *Think and Grow Rich* (*Piense y Hágase Rico*); 1987.

Holyfield, Evander y Bernard Holyfield. *Holyfield: The Humble Warrior* (*Holyfield: El Guerrero Humilde*); 1996.

James, Muriel y John James. *Passion for Life* (*Pasión por la Vida*); 1991.

James, Muriel y Dorothy Jongeward. *Born to Win : Transactional Analysis with Gestalt Experiments* (*Nacidos para Ganar: Análisis Transaccional con Experimentos Gestalt*); 1991.

Jenner, Bruce. *Finding the Champion Within* (*Encontrando al Campeón que Está Dentro de Uno*); 1997.

Jones, Charlie. *Life is Tremendous* (*La Vida es Tremenda*); 1996.

Keller, Hellen. *The Open Door* (*La Puerta Abierta*); 1957.

Korda, Michael. *Success* (*Exito*); 1977.

Lin Yutang. *The Importance of Living* (*La Importancia de Vivir*); 1994.

Madre Teresa. *A Simple Path* (*Un Camino Sencillo*); 1995.

Maltz, Maxwell. *Psycho-Cybernetics* (*Psicocibernética*); 1960.

Mandino, Og. *The Greatest Secret in the World* (*El Secreto Más Grande del Mundo*); 1976.

Mandino, Og. *The Greatest Salesman in the World* (*El Vendedor Más Grande del Mundo*); 1983.

Mandino, Og. *University of Success* (*La Universidad del Exito*); 1983.

Mandino, Og. *The Greatest Miracle in the World* (*El Milagro Más Grande del Mundo*); 1997.

Marden, Orison Swett. *Pushing to the Front* (*Empujando Hacia el Frente*); 1987.

Marden, Orison Swett. *Mission: Success!* (*Misión: ¡Exito!*); 1987.

Maslow, Abraham H. *Toward a Psychology of Being* (*Hacia una Psicología del Ser*); 1968.

McGinnis, Alan Loy. *Motivation and Personality* (*Motivación y Personalidad*); 1954.

McGinnis, Alan Loy. *The Power of Optimism* (*El Poder del Optimismo*); 1990.

Mendo, Carlos. "El Sueño Americano". *El País* (Sección Debates); España, Enero de 1997.

Meyer, Paul J. *Dynamics of Personal Goal Setting* (*La Dinámica de la Fijación de Metas Personales*); 1992.

Meyer, Paul J. *Making of a Champion* (*Haciendo a un Campeón*); 1992.

Milios, Rita. *Discovering Positive Thinking* (*Descubriendo el Pensamiento Positivo*); 1992.

Moine, Donald y Kenneth Lloyd. *Unlimited Selling Power* (*Poder Ilimitado de las Ventas*); 1990.

Monseñor Rómulo Emiliani, *No se Preocupe Tanto: Un Mensaje al Corazón*; 1998.

Myers, David G. *The Pursuit of Happiness* (*La Búsqueda de la Felicidad*); 1992.

Nightingale, Earl. *Essence of Success* (*Esencia del Exito*); 1993.

O'Grady, Scott. *Return With Honor* (*Regresar con Honor*); 1996.

Osborne, Alex. *Applied Imagination* (*Imaginación Aplicada*); 1993.

Peale, Norman Vincent. *Why Some Positive Thinkers Get Powerful Results* (*Por Qué Algunos Pensadores Positivos Obtienen Resultados Poderosos*); 1986.

Peale, Norman Vincent. *The Power of Positive Thinking* (*El Poder del Pensamiento Positivo*); 1991.

Peale, Norman Vincent. *The Amazing Results of Positive Thinking* (*Los Resultados Sorprendentes del Pensamiento Positivo*); 1996.

Peale, Norman Vincent. *A Guide to Confident Living* (*Una Guía para Vivir con Confianza*); 1996.

Peale, Norman Vincent. *Stay Alive All Your Life* (*Manténgase Vivo Toda Su Vida*); 1996.

Peiffer, Vera. *Positive Thinking* (*Pensamiento Positivo*); 1991.

Pitino, Rick. *Success is a Choice* (*Exito Es Una Elección*); 1997.

Rattan, Randall. *Channeling Your Mental and Physical Energy* (*Canalizando Su Energía Mental y Física*); 1990.

Robbins, Anthony. *Personal Power* (*Poder Personal*); 1986.

Robbins, Anthony. *Power Without Limits: The New Science of Personal Development* (*Poder Sin Límites: La Nueva Ciencia del Desarrollo Personal*); 1986.

Robbins, Anthony. *Awaken the Giant Within* (*Despierte el Gigante que Está Adentro*); 1991.

Russell, Bertrand. *The Conquest of Happiness* (*La Conquista de la Felicidad*); 1930.

Schuller, Robert. *Power Thoughts* (*Pensamientos Poderosos*); 1994.

Schwartz, David J. *The Magic of Thinking Big* (*La Magia de Pensar En Grande*); 1987.

Schweitzer, Albert. *Out of My Life and Thought* (*De Mi Vida y Pensamiento*); 1961.

Smith, Sandra Lee. *Setting Goals* (*Fijando Metas*); 1992.

Sommer, Bobbe. *Psycho-Cybernetics 2000* (*Psico-Cibernética 2000*); 1993.

Stoddard, Alexandra. *The Art of the Possible* (*El Arte de Lo Posible*); 1995.

Stone, W. Clement. *Sure Fire Method for Success* (*El Sistema Infalible para Triunfar*); 1983.

Stone, W. Clement. *Success Through a Positive Mental Attitude* (*La Actitud Mental Positiva: un camino hacia el éxito*); 1984.

Thoreau, Henry David. *Walden and Other Writings* (*Walden y Otros Escritos*); 1931.

Waitley, Dennis. *The New Dynamics of Goal Setting* (*La Nueva Dinámica de la Fijación de Metas*); 1984.

Waitley, Dennis. *The Psychology of Winning* (*La Psicología para Ganar*); 1985.

Waitley, Dennis. *Seeds of Greatness* (*Semillas de Grandeza*); 1985.

Wholey, Dennis. *The Miracle of Change* (*El Milagro del cambio*); 1997.

Ziglar, Zig. *See You at the Top* (*Nos vemos en la Cumbre*); 1983.

LLEWELLYN ESPAÑOL

Superación Personal

K301-8 • $7.95

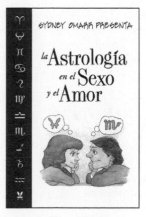

Astrología y Horóscopos

K402-2 • $12.95

K502-9 • $9.95

Tarot

1800-843-6666

MANTENGASE EN CONTACTO...
¡Llewellyn Español publica cientos de libros de sus temas favoritos!

Las páginas anteriores muestran algunos de los libros disponibles en temas relacionados. En su librería local podrá encontrar todos estos títulos y muchos más. Lo invitamos a que nos visite a través del Internet.

www.llewellynespanol.com

Ordenes por Teléfono	• Mencione este número al hacer su pedido: **K114-7** • Llame gratis en los Estados Unidos y Canadá, al Tel. 1-800-THE-MOON. En Minnesota, al (651) 291-1970 • Aceptamos tarjetas de crédito: VISA, MasterCard, y American Express.
Correo & Transporte	• $4 por órdenes menores a $15.00 • $5 por órdenes mayores a $15.00 • No se cobra por ordenes mayores a $100.00

En **U.S.A.** los envíos se hacen a través de UPS. No se hacen envíos a Oficinas Postales. Ordenes enviadas a **Alaska, Hawai, Canadá, México y Puerto Rico** se harán en correo de 1ª clase.

Ordenes Internacionales: Correo aéreo, agregue el precio igual de c/libro al total del valor ordenado, más $5.00 por cada artículo diferente a libros (audiotapes, etc.). Terrestre, agregue $1.00 por artículo.

4-6 semanas para la entrega de cualquier artículo. Tarifas de correo pueden cambiar.

Rebajas	• 20% de descuento a grupos de estudio. Deberá ordenar por lo menos cinco copias del mismo libro para obtener el descuento.

Catálogo Gratis

Ordene una copia de *Llewellyn Español* con información detallada de todos los libros en español actualmente en circulación y por publicarse. Se la enviaremos a vuelta de correo.

Llewellyn Español
P.O. Box 64383, Dept. K114-7
Saint Paul, MN 55164-0383

1-800-843-6666